「探究」と「概念」で
学びを育む！

小学校
国際バカロレアの
授業づくり

中村純子・秋吉梨恵子 編著

JN205601

明治図書

はじめに

　学習者が自らの課題を探究し，学び続け，真の学力を育む「探究学習」が求められています。ともすると，子どもたちの興味のあることを調べて，プレゼンテーションする学習活動と捉えられがちです。しかし，学習指導要領でも掲げられている「主体的・対話的で深い学び」の視点から考えると，いろいろな疑問が浮かんでくるでしょう。「探究学習で得られる深い学びとは何なのか？」「それらをどう評価したらよいのか？」「どんなふうに単元設計していけばよいのか？」このような問いが多くの先生方から生まれてきます。なぜなら，教員世代の私たちが習ってこなかった学び方だからです。

　本書では，こうした先生方の問いの解決法として，国際バカロレア（ＩＢ：International Baccalaureate）の初等教育プログラム（Primary Years Programme），ＰＹＰを紹介します。国際バカロレアとは世界中のどの国でも地域でも実践できる学習プログラムです。「深い学び」を促すために「概念」を活用して自ら汎用性のある理解を創り出していくことを目指しています。

　ＰＹＰでは「セントラルアイデア」という，最も理解してほしいテーマを設定します。洋の東西を問わず，どの時代にも通じる普遍的なテーマです。学びの本質を捉えた「深い学び」を促します。そこに到達する単元設計の方法を具体的な実践を交えて説明します。

　教科書に書いてある「知識」をＸ軸，学習指導要領に掲げられている思考力・判断力・表現力という「コンピテンシー」をＹ軸としたら，もう一つ「概念」というＺ軸を立ててください。２次元から３次元の教育プログラムにチャレンジしていきましょう。

　最初は聞き慣れない用語や考え方が出てきて難しく感じられるかもしれません。私たちもなるべく分かりやすく説明をしていきますので，一緒に乗り越えていきましょう。「探究学習」は学習者だけのものではありません。私たち教師も生涯学習者として，共に新しい学習方法を探究していきましょう。

2024年9月

編著者　中村　　純子

秋吉　梨恵子

Contents

Contents

本書の特長と使い方

【本書の特長】

○「国際バカロレア（ＩＢ）」の初等教育ＰＹＰの全容を分かりやすく解説しています。

○探究の単元（ＵＯＩ）を設計するプロセスと授業の実際，子どもたちの姿が分かります。

○ＰＹＰ校の先生方によって，探究の単元（ＵＯＩ）の有効性が実感をもって書かれています。

【本書の概要】

第１章　探究学習に関する課題を整理し，ＰＹＰにヒントがあることを示します。

第２章　ＰＹＰの探究プログラムの概要が分かります。

第３章　ＰＹＰの探究の単元（ＵＯＩ）を作る過程を，具体的な単元例とともに解説しています。探究の単元（ＵＯＩ）を構成する要素を一つずつ段階を追って，示していきます。

第４章　探究学習の根本的な定義と共にあるべき児童の姿や教師の役割が分かります。

第５章　ＩＢの基盤である「概念」を理解して活用している子どもたちの姿を紹介します。

第６章　ＩＢが探究を通して育成を目指す５つの「学び方を学ぶスキル」が分かります。

第７章　探究学習の成果をいかに評価するのか，評価についての考え方を根本から説明します。そして，実際の授業で使った具体的な評価の仕方をお見せします。

第８章　豊かな探究学習を支える「学習コミュニティー」について紹介します。

第９章　実際の探究の単元（ＵＯＩ）はどのように授業を展開しているのか，低学年，中学年，高学年の授業を紹介します。ユニットプランから，子どもたちの活動の様子，評価まで，具体的な流れが分かります。

【本書のナビゲーター】

アオイ先生

本書の主役は教員５年目のアオイ先生です。読者のみなさんの代表です。アオイ先生は，児童が主体となる探究型の授業にチャレンジしたいと思い立ちました。そこで，ベテランのリサコ先生に質問に行くところから始まります。

リサコ先生

リサコ先生は教員16年目で，ＰＹＰ校でのご経験もあり，日本のＩＢ研修の指導者も務めています。探究の単元（ＵＯＩ）をどう作ったらいいのかを早く知りたいアオイ先生のために，第３章までで一気に解説しています。第３章までに出てくる用語や考え方は第４章から第８章で詳しく説明しています。読者のみなさんは，気になるところから読み進めていただくのもよいでしょう。アオイ先生と一緒に学び，探究学習にチャレンジしていきましょう。

国際バカロレアとは

　国際バカロレア（International Baccalaureate　以下，ＩＢ）は，1968年に国境を越えて大学に進学する学習者のために創られました。初等教育ＰＹＰ（Primary Years Programme）は1997年から始まりました。ＩＢでは，豊かな人間性を備え，国際的な視野をもち，人類に共通する人間らしさと地球を共に守る責任を認識し，より良い，より平和な世界を築くことに貢献する人間を育てることを目指しています。この理念を「ＩＢの学習者像」で表しています。

○探究する人　私たちは，好奇心を育み，探究し研究するためのスキルを身につけます。ひとりで学んだり，他の人々と共に学んだりします。熱意をもって学び，学ぶ喜びを生涯を通じてもち続けます。

○心を開く人　私たちは，自己の文化と個人的な経験の真価を正しく受け止めると同時に，他の人々の価値観や伝統の真価もまた正しく受け止めます。多様な視点を求め，それらを評価し，その経験を糧に成長しようと努力します。

○知識のある人　私たちは，概念的な理解を深めて活用し，幅広い分野の知識を探究します。地域社会やグローバル社会における重要な課題や考えに取り組みます。

○思いやりのある人　私たちは，思いやりと共感，そして尊重の精神を示します。人の役に立ち，他の人々の生活や私たちを取り巻く世界を良くするために行動します。

○考える人　私たちは，複雑な問題を分析し，責任ある行動をとるために，批判的かつ創造的に考えるスキルを活用します。率先して理性的で倫理的な判断を下します。

○挑戦する人　私たちは，不確実性に対し熟慮と強い意思をもって向き合います。ひとりで，または協力して新しい考えや方法を探究します。挑戦と変化に，機知に富んだ方法で忍耐強く取り組みます。

○コミュニケーションができる人　私たちは，複数の言語やさまざまな方法を用いて，自信をもって創造的に自分自身を表現します。他の人々や他の集団のものの見方に注意深く耳を傾け，効果的に協力し合います。

○バランスのとれた人　私たちは，自分自身や他の人々の幸福にとって，私たちの生を構成する知性，身体，心のバランスをとることが大切だと理解しています。また，私たちが他の人々や，私たちが住むこの世界と相互に依存していることを認識しています。

○信念をもつ人　私たちは，誠実かつ正直に，公正な考えと強い正義感をもって行動します。そして，あらゆる人々がもつ尊厳と権利を尊重して行動します。私たちは，自分自身の行動とそれに伴う結果に責任をもちます。

○振り返りができる人　私たちは，世界について，そして自分の考えや経験について，深く考察します。自分自身の学びと成長を促すため，自分の長所と短所を理解するよう努めます。

ＩＢＯ（2022）「ＩＢの学習者像　Learner Profile booklet」

第1章
深い学びを実現する
授業のつくり方

ある日，アオイ先生がリサコ先生に相談しにきました。

アオイ先生

教師になって5年。学級経営も学校行事も校務分掌の仕事も，
一通り分かってきました。でも，最近，自分の授業が物足りないのです。
子どもたちがワクワクする「探究学習」を目指しているのですが，
どんなふうに授業を組み立てたらいいのか，悩んでいます。

教員指導のリーダーのリサコ先生がお答えくださいました。

探究や授業デザインについて，このような相談をされる方は多いです。
基本的なことは分かってきたし，日々の仕事はそれなりに回っているから
こそ，もっとステップアップしたいのですよね！
そのお悩みに答えていきましょう。

リサコ先生

1 探究授業デザインのステップアップのポイント

　授業や校務も見通しをもってこなせるようになり，少し余裕が出てくると，探究学習や授業デザインをもっとステップアップするにはどうしたらよいかといった課題をお持ちの先生も多いことでしょう。こうしたお悩みや課題意識は次の5つに分類できます。

⑴普段の授業は特に大きな問題もなく流れているけれど，今のような授業で本当に子どもたちに力がついているのか不安です。

　授業はスムーズに進んでいるし，子どもたちも私の話をよく聞いています。でも，静かに聞いているように見えて上の空だったり，発問に対して自分でしっかりと考えていなかったりする子がいます。子どもたちに「考える力，表現する力，話し合う力をつけよう！」と言われると，今の授業のままでいいのか不安で，確信がもてません。

> 　ここには階層の違う2つの悩みがあります。1つは「○○する力」についての定義や目指す姿が曖昧であること。具体的に何を目指しているのかがよく分からないので，達成度合いについてきちんと判断できず，漠然とした不安につながっているのでしょう。もう1つは，今の授業内容や学習活動では十分ではないと感じていること。子どもたちの力を最大限に伸ばす方法が分からないという状態です。これについては，次節「深くて汎用性のある学びとは」で，詳しく考えていきましょう。

⑵子どもたちは，教師に言われたことに対しては，一生懸命に取り組んでいるけれど，「自分から学んでいる」という感じがあまりしないです。

　ほとんどの子は授業中も落ち着いていて真面目ですが，もしかしたら「先生に言われたことはやらなくてはいけない」と思っているだけなのかもしれません。私が示した例の通りに課題を仕上げて早く終わらせてしまう子もいます。主体的に学んでいる状態からはほど遠いです。

> 　PYPでは「エージェンシー（Agency）」をとても大切にしていて，すべての教育活動の根幹にエージェンシーの育成が深く関わっています。エージェンシーとは，主体的に取り組む姿勢のことを指しています（18ページ参照）。本書の内容はすべて，このエージェンシーの育成のために欠かせない要素であり，手立てを示しています。まずは，この章の第4節「PYPフレームを使ってみよう」をご参照ください。

⑶学習や運動に関しても，特別活動などに関しても，ちょっと難しいと感じるとすぐに諦めてしまう子が多いことが気がかりです。

もっと，自分の力を伸ばしたり，できないことに挑戦したりしてほしいと思っているのですが，なかなかうまくいきません。新たな挑戦を提案すると途端に尻込みをしてしまいます。もう少し練習して頑張ればできそうなことでも，難しいと感じてやめてしまう子が多いです。

> この場合，まずは学びに向かう姿勢について確認していくことが有効でしょう。「失敗のないところに成長はない」「成功した人とはやり続けた人」などといったマインドセットが必要です。ＰＹＰでは，この学びに向かう姿勢も含めた「学び方を学ぶ」ことをプログラムの大きな核の一つとしています。「学び方を学ぶスキル」（66ページ）をお読みください。

(4)話し合い活動を設定しても，すぐに終わってしまい，活動が盛り上がらなくて困っています。

考えることが苦手な子ばかりではないはずなのに，なぜか話し合い活動の盛り上がりに欠けます。グループ内で発言が一周したら，それで終わってしまうことが多く，設定した活動時間が余ってしまいます。関係ないおしゃべりは続くのですが…。

> 話し合いが「盛り上がってしまう」場面には，どのような要素が含まれているのでしょう？子どもたちの意見が途切れなくて，授業を延長したことはありませんか？　話し合い活動終了の合図に，「えー!! もっと話したい！」という声が重なったことは？　第3節「こんなユニット案はどう？」では，話し合いが盛り上がる要素についても提案していきます。

(5)総合的な学習の時間には指導書がないです。どのように教えたらいいのでしょう。探究で深い学びをするために，学年で計画を立てるように言われても，やり方が分かりません。

昨年度から，総合的な学習の時間は探究をやることになりました。深い学びが大事だからだそうです。でも，探究には教科書がないですよね？　学年で計画するように言われましたが，1年経っても，何が探究なのか，どうやればよいのかよく分かりません。他の学年の様子を見ても，何が正解なのか，今一つピンときません。そもそも深い学びって何ですか？

> このお悩み，本当にとっても多いです！　私が開催しているワークショップや講座に参加してくださる方はみなさん，多かれ少なかれこの悩みを共有しています。だから，安心してくださいね。そして，本書はそんなあなたにこそ，届けたい一冊です！　どの章を読んでも，気づきやヒントがあると思いますが，単元設計に関しては第3章や第9章の実践例が大いに参考になるはずです。

2 深くて汎用性のある学びとは

深い学びを実現する4つの鍵

　では，前節の中にあった「そもそも深い学びって何？」について，一緒に考えていきましょう。深い学びを目指されているということは，現状では「(比較的) 浅い学び」が多いと考えられているのでしょう。浅い学びの何が問題なのでしょうか？　浅いとか，深いとか，一体，何を基準に判断するのか…，専門的なことを学ぶことが深い学びなのでしょうか？
　文部科学省は「深い学び」について，以下のように定義しています[1]。

> 　習得・活用・探究という学びの過程の中で，各教科等の特質に応じた「見方・考え方」を働かせながら，知識を相互に関連付けてより深く理解したり，情報を精査して考えを形成したり，問題を見いだして解決策を考えたり，思いや考えを基に創造したりすることに向かう「**深い学び**」が実現できているか。

　つまり，深い学びを実現する主な要素として，次の4項目が学習活動の鍵なのです。

　　1　知識を相互に関連付けてより深く理解する
　　2　情報を精査して考えを形成する
　　3　問題を見いだして解決策を考える
　　4　思いや考えを基に創造する

インプットしたものをアウトプットするだけでは，浅い学びにとどまってしまいます。暗記した内容を測るペーパーテスト課題に対応した学びです。深い学びでは，インプットしたものを関連付けて新たな解決策を生み出すことが求められます。汎用性のある学びです。この深い学びは，4つの要素が組み合わされたパフォーマンス課題でこそ評価することができます。

概念を通して学ぶこと

　「深い学び」では，学習者自らが理解をつくり出すことが求められます。学校教育の中では，この「自ら理解をつくり出す」ことの対極にあるものが，「教えられたことを覚える」こと，「知っている」ことです。理解をつくり出すということは，単純に知っているという状態とは異なります。それは，「自らの経験との結びつきから生まれた自分なりの解釈をもっている」状態です。対象について，違う言葉で言い換えることができたり，当てはまる他の例を挙げることができたり，新しい文脈の中ではこうなるのではないかと推論できたりしていれば，その学習者は自ら理解をつくり出していると言えるでしょう。何かについて，その多面性にも触れ

1　文部科学省 (2017)『新しい学習指導要領の考え方』 p.22

つつ，その本質について自分の言葉で語ることができれば，学びが深まった証拠であると言えるでしょう。汎用的であるということは，言い換えれば，応用が効く，学んだことを別の状況で活かすことができるということです。具体例は特定の文脈と強く結びついてしまうので，応用するには向いていません。

　例えば，「3年2組3学期のお楽しみ会の計画」として取り組んだときと，「クラスみんなが参加するイベントの計画」としたときでは，どちらがその後の子どもたちの学校生活で役立つ場面が多いでしょうか？　また，同じ歴史の学習でも，応仁の乱という具体例について学んだときと，争いという概念について学んだときでは，どちらが現在のロシアとウクライナの関係やイスラエルとパレスチナの関係について理解することに役立つでしょうか？

　そこで，概念型学習の出番です。深くて汎用性のある学びを実現するためには，概念を通して学ぶことが必要となってきます。抽象度を上げると，内包する範囲が広がるため，他の場面に活かしやすくなるのです。この概念型学習が，ＰＹＰの学習の大きな特徴の一つです（詳しくは第5章参照）。

学びの転移から学ぶことの意義の実感へ

　冒頭で，浅い学びの何が問題なのか？と投げかけましたが，浅い学びが必要ないというわけではありません。なぜなら，深く学ぶためには，文字の読み書きや基礎的な知識事項なども必要だからです。例えば，背が届かないくらい深いプールに入れば泳げるようになるというわけではありません。浅瀬で水に慣れ，体の動かし方を習得してから，少しずつ深いところでも泳げるようになるのです。ただし，浅いところで終わってしまっていては物足りないことでしょう。どんなに深いところでも自在に泳げるぞと実感できてこそ，達成感も高まるのです。

　学習者が「自ら理解をつくり出す」ということも同じです。以前に学んだことや知っていることを他の文脈に転移できることに気がついたとき，その学習者にとって，学ぶことの意義はより高まります。このとき，間違った答えも出てくるでしょうし，ある程度定められた正解の許容範囲からずれることもあるでしょう。それでも，「自分なり」の表現や解釈を受け止めてもらえ，そこに価値を見いだされたとき，学習者は自信がもてるようになります。純粋に他者の考えや意見に興味をもち，互いに触発し合うことを通して，集団で学ぶ面白さに気がついていきます。

　このように学びの転移に自覚的になっていくと，これまでよく耳にした「これって何のために勉強しているんですか？」という質問や，「テストが終わったら，全部忘れちゃった…。」というつぶやきからは遠ざかるわけです。深くて汎用性のある学びが，学習者の自己効力感の高まりに大きく寄与する点を忘れてはいけません。そして，このような深い学びは，教師の意図的な設計や働きかけによって引き起こすことができるのです。

3 こんなユニット案はどう？

　ここまで読み進めてきた方の中には，深くて汎用性のある学びが大切なことは分かったけれど，「では，どうしたらそういう授業をつくれるの？」と思っている方もいらっしゃるでしょう。ここからは，具体的な授業設計の仕方について見ていきましょう。馴染みのある単元を少しブラッシュアップするヒントになるかもしれません。まずは一歩前に進んでみましょう。

　例えば，小学4年生の社会科で，地域の発展に尽くした人や先人の働きについて学習する単元があります。共通の学習課題や問いを立てて，個々に調べるという学習活動が一般的でしょう。もちろん，この学習計画でも，「教えられたことを覚える」よりもずっと主体的な学習ができるでしょう。ただ，いくつかのステップを加えると，より深くて汎用性のある学びの鍵となる概念型学習へと近づけることができます。

　そこで，次の4つのステップを取り入れることをおすすめします。

　　1　核となる概念を提示する
　　2　国語の話すことや書くことの単元と合体させる
　　3　全体でやり方を学ぶ→個人で取り組む（二段階設定）
　　4　私はこうしていく，こうしていきたいという振り返りをする

　時間のやりくりには少し工夫が必要かもしれませんが，社会科の学習指導要領のねらいから逸れることなく，単元をバージョンアップさせることができます。「話し合いが盛り上がらない」というお悩みごとを解消する手立てにも触れながら，詳しく説明していきます。

⑴核となる概念を提示する

　この単元の核となる概念（＝キーワード）を「貢献」と設定し，子どもたちにもこの単元では，「貢献」について考えていこうと，伝えます。漢字が読めなかったり，聞いたことがなかったりする子もいることでしょう。でも，大丈夫です！　いろいろな例に触れ，活動を重ねていく中で，この「貢献」についての自分なりの理解をつくり出していけばよいのです。この単元を展開している間は，常に「貢献」についてのアンテナを張って，他の授業でも，授業以外でも，これは「貢献」の例として使えると思ったものは，どんどん子どもたちと共有してください。また，子どもたちの言動が何かに貢献していれば，それについてのフィードバックも忘れずに！

⑵国語の話すことや書くことの単元と合体させる

　単元の終わりには，先人の功績を讃える授賞式の開催を設定します。それぞれが自分で考えた「○○で賞」のプレゼンターとして，先人の紹介スピーチをするのです。（時間がない場合

は，スピーチ原稿を書いて掲示するまででもよいでしょう。）自分が担当した先人について，どんな思いや願いで社会をどう変えたのか。そして，それが今にどうつながっているのか。その「貢献」を自分がどう価値づけているのか。という3点が含まれたスピーチ原稿を課題として設定します。

(3)全体でやり方を学ぶ→個人で取り組む（二段階設定）

　教科書や副読本などに取り上げられている先人については，学級全体で学習を進めます。この段階は，やり方を学ぶためにあって，この後は個人で取り組むことをきちんと事前に伝えておくことがとても大切です。この「やり方」には，具体的には資料の読み取り方や，集めた情報の整理の仕方，分かったことをもとに自分の考えをまとめる方法などがあります。書籍やオンライン情報の丸写しにならないようにするには，ここが肝心です。教師主導のもと，全員共通の先人を材料として，やり方が分かったところで，個人の活動へと移ります。ここでは，できるだけ自分の興味がある先人を選ぶことが重要です。

(4)私はこうしていく，こうしていきたいという振り返りをする

　単元のまとめとして実施する振り返りには，この単元での学習を通して，「貢献」についてどのように理解を深めたかを書いてもらいます。全員共通の先人，自分で選んだ先人，他の人が選んだ先人たちの歩みだけでなく，他の授業や授業以外の活動でも「貢献」について考えてきたからこそ，一つの正解ではなく，多様な考えが生まれます。そして，自分自身が今後どのように，学級や家庭，地域社会などに貢献していきたいかということについて述べることで，汎用性のある学びへとつなげていくことができます。

　これらの各ステップには，全体で共通の土台と，それをもとにした自分だけのストーリーの部分が重層的に含まれています。話し合いが盛り上がるためには，共通の土台があることが欠かせません。そこがないと話が噛み合わないので，意見の交流ではなく，意見を言っただけになってしまいがちです。しかもみんなの意見がほとんど同じでは，話し合いは盛り上がりません。自分らしさ，その人らしさが感じられるストーリーが用意できていることも大切です。多様な視点があるからこそ，意見を交流する価値が生まれ，「もっと聞きたい！　もっと話したい！」となるわけです。やはり，一番の起爆剤は，子どもたちがそのことについて言いたいことがあるかどうかです。出発点は同じでも，選んだ題材やそこから感じ取ったことが自分だけのストーリーになっていることがポイントです。この1〜4のステップのどこかに必ず話し合い活動を設定していきましょう。

４ ＰＹＰフレームを使ってみよう

　ＰＹＰの授業づくりのフレームには，深い学びを実現する授業のつくり方のヒントがたくさん詰まっています。「ＩＢ校ではないから…」とか，「ＩＢでの学びはうちの子どもたちには無理！」などと感じている方もいらっしゃるかもしれません。しかし，ＰＹＰのフレーム通りに授業を設計しましょうと言っているわけではありません。あくまでも，その鍵となる要素について知り，それを使って今ある授業をアレンジしてみませんか？という提案です。

(1)教科の枠をこえた学びを設計する　→28ページ参照

　前節の社会科の単元でも提案しましたが，いくつかの教科や領域を合体させて単元を構成してみましょう。教科の枠をこえることで，よりダイナミックな学習を展開することができ，授業時間数の確保にもつながります。国語の話すこと，書くことの活動はいろいろな教科と合体させることができますし，図工や音楽もパフォーマンス課題と相性がいいです。まさに，文部科学省が定義している深い学びの「想いや考えを基に創造する」部分にあたります。小学１・２年生の生活科や，３～６年生の総合的な学習の時間は，このような単元の構成がしやすい枠組みになっています。

(2)概念型学習を設計する　→58ページ参照

　ＰＹＰでは，セントラルアイデアと呼ばれる一文を設定し，その理解を深めるために学習を展開していきます。セントラルアイデアには複数の概念が含まれます。前節の「貢献」のように，一つ一つの概念の理解をつくり出していく中で，セントラルアイデアに迫っていきます。提示されたセントラルアイデアについて，自分なりの解釈を構築していく場合と，様々な事例の学習を通して，セントラルアイデアを導き出していく場合とがありますが，いずれも概念の形成や拡張が鍵となります。ＰＹＰでは，それ以外にも特定概念と呼ばれている７つの重要な概念が予め設定されています。これらの概念を眼鏡のように自分の身の回りの世界を見るときに駆使して，物事の本質を明らかにしていく練習を繰り返します。概念を通して，物事を見たり考えたりすることで，本質的な深い理解に近づいていくことができます。

(3)探究のサイクルを設計する　→35ページ参照

　学習活動の中に，調査をするフェーズとその調査活動から分かったことを整理したり，まとめたりするフェーズを設計します。つながりや，パターンを見つけ出すことができるようになることが，探究学習の充実につながります。さらには，それらをもとに自分なりの仮説を立てて，その検証をするフェーズも必要です。このフェーズがあるかないかが，単純な調べ学習との分岐点ではないでしょうか。子どもたちの経験値にもよりますが，このような学習活動は，

テーマやトピックを一定の範囲の中から，自分たち（個人，またはグループ）で選ぶことができるとより効果的です。自分で選ぶということは，その結果に自分で責任を負うということでもあります。自己選択・自己決定があるからこそ，主体的に学ぶことへとつながっていきます。

(4)ＡＴＬスキルを設計する →66ページ参照

ＡＴＬスキルとは，Approaches to learning の略で，学びを促進するために必要な学習スキルのことを指します。ＰＹＰでは，主に教科の枠をこえて重要とされるスキルが5つのカテゴリーに分類されています。大切なことは，何をスキルとして設定するかということよりも，そのスキルを練習する場とそれを発揮する場がきちんと学習活動の中に位置づけられているかということです。ともすると，スキルは学習活動の中で（勝手に）身についていくものとなりがちですが，もっと意図的に仕掛けていくことが必要です。また，学習者自身が，そのスキルの獲得に自覚的であることも重要なポイントです。前節で提案したステップ3のように，練習は全体で行い，個別の活動でそのスキルを発揮していくというパターンはよく見られます。このような経験を積み重ねていくことで，子どもたちのスキルの引き出しが増えていきます。

(5)行動を起こすことを求める →24ページ参照

どんなに時間をかけて学習したことでも，それによって学習者の行動が何も変わらなければ，それは深い学びとは言えないかもしれません。裏を返せば，学習者が何かを学んだことによって，自分の言動を変えたいと思ったり，あるいは知らないうちにでも変わってしまったりすることこそが重要なのではないでしょうか。ＰＹＰでは，より平和な世界の構築に向けて行動する人を育てたいと願っています。子どもたちは，行動を起こすと言われても，はじめは何をどうしていいのか分からないかもしれません。どんな手段があるのか，どのような段取りで進めていくことができるのか。経験してみないと分からないことだらけです。だからこそ，小さな行動から練習を積み重ねていきましょう。（前節のステップ4の振り返りには，その行動に向けた橋渡しの役割もあります。）そして，自分が行動を起こした結果，何かが少しでも変わったことを実感できたならば，それは自分の力への信頼となってその子がさらに前へ進む原動力となります。

いかがでしたか。何か，授業に取り入れられそうな要素はありましたか？　それぞれの要素については，参照していただきたいページを明記していますので，すぐに開いてより詳しく読んでみるのもいいかもしれません。もちろん，このまま次のページへと読み進めるのも大歓迎です！　この本を読みながら，どのようにご自身の実践の場に活かすことができるのか考えていってください。

コラム① ＩＢと学習指導要領との親和性

　21世紀に入り，日本の学校教育は日本語圏の日本独自のものだけだとは，言えなくなってきました。知識基盤社会化やグローバル化が進み，政治，経済，情報，文化といった分野だけではなく，教育分野でも国際的な視野が求められてきています。教育の国際化に最も大きな影響を与えたのは，経済協力開発機構（ＯＥＣＤ）が進めている生徒の学習到達度調査（ＰＩＳＡ調査）です。3年ごとに本調査が実施され，参加国の順位が発表されます。平成20年の『中学校学習指導要領解説　国語編』（文部科学省）の「第1章　総説」では「1　改訂の経緯」の中で，ＯＥＣＤのＰＩＳＡ調査などの各種の調査から，我が国の児童生徒は，思考力・判断力・表現力等を問う読解力や記述式問題，知識・技能を活用する問題に課題があると述べられていました。そして，平成29年版の学習指導要領から「主体的・対話的で深い学び」「カリキュラム・マネジメント」が掲げられました。また，育成を目指す資質・能力の要素を「知識及び技能」「思考力，判断力，表現力等」「学びに向かう力，人間性等」という3つの柱で整理しています。これらの新しい教育用語は海外の先進的な教育理論の動向をふまえて導入されたものです。

　ＩＢも同様で先進的な教育理論をふまえ，世界中どこの国でも展開できるように各国のカリキュラムの共通要素をふまえて構成されています。つまり，ＩＢには日本の学習指導要領と共通の要素があるのです。例えば，「主体的・対話的」とは学習者が主役となって協働的に学び合うことで，ＩＢでは「学習者中心主義」と言っています。「カリキュラム・マネジメント」の中には教科を融合して単元をデザインすることも含まれており，ＰＹＰでは「探究の単元（ＵＯＩ）」（第3章参照）のデザインがこれにあたります。「思考力，判断力，表現力等」「学びに向かう力」は「ＡＴＬスキル」（第6章参照）で整理されています。「人間性」については，「ＩＢの学習者像」で，学習を通してどのような人間になることを目指すのかを具体的に示しています。ＩＢの要である「概念的理解」は『小学校学習指導要領（平成29年告示）解説　総則編』「第1章　総説　1（1）改訂の経緯」で次のように書かれています。

　　　学校教育には，子供たちが様々な変化に積極的に向き合い，他者と協働して課題を解決していくことや，様々な情報を見極め知識の**概念的な理解**を実現し情報を再構成するなどして新たな価値につなげていくこと，複雑な状況変化の中で目的を再構築することができるようにすることが求められている。（太字強調は筆者）

　つまり，ＩＢ教育は日本の学習指導要領と整合性があるのです。そもそも，世界各国の教育制度のエッセンスを統合して作られているので，当然とも言えましょう。ＩＢ教育は日本の教育の近い未来の姿を映していると言っても過言ではないでしょう。

　本書でＰＹＰについて学び，世界の教育動向を少しだけ先取りして，これからの世の中に大きく羽ばたく子どもたちを育てていきましょう。

第2章
PYPとは

アオイ先生

リサコ先生のお話で，子どもたちが自分の力で考えて理解していく探究学習を
つくる秘訣がPYPの授業のつくり方にあることが分かりました。
もう少し詳しくPYPについて教えてください。

では，PYPについて，大まかな概要をご紹介しましょう。
探究の単元（UOI）を設計するためのいろいろなヒントがありますから，
聞き慣れない用語が出てきても気にしないで，読み進めてください。
この後，いろいろな先生方が分担して繰り返し説明してくれます。

リサコ先生

1 エージェンシー

エージェンシーとは

　ＰＹＰでは，エージェンシー（Agency）という概念を大切にしています。ＩＢＯは，社会認知理論の研究者であるバンデューラの言葉を借りて「変わりゆく時代のなかで，人々が自らの成長，適応，再生に関わることを可能にするもの」であると定義しています。

　このエージェンシーという概念は，ＯＥＣＤ（経済開発協力機構）が2015年から始めたEducation 2030プロジェクトでも強調されています。2019年5月に発表された「ラーニング・コンパス（学びの羅針盤）」では，エージェンシーを「変化を起こすために，自分で目標を設定し，振り返り，責任をもって行動する能力」と定義しています。定義の中に「自分で」とあるので，エージェンシーは"主体性"と訳されることが多いのですが，実は主体性より広義です。なぜなら，主体性は自分の内面から発せられるものですが，エージェンシーは人や社会との関係性の中で育まれるものだからです。

　ＰＹＰでは，エージェンシーを「哲学的，社会学的，および心理学的なアイデアで，人間とは自分の意思で行動を起こす能力をもち，自分の人生に積極的に関わることができるという考えのこと」と定義しています[1]。「自分は成功するだけの能力を携えていると信じられる力」を自己効力感と言いますが，自己効力感が，強ければ強いほど，エージェンシーを発揮する可能性が高まるため，自己効力感とエージェンシーは切っても切れない関係にあると言えます。

エージェンシーを育むために

図1　エージェンシーモデル

　図1はＩＢのエージェンシーモデルです。児童は学習において自ら声（VOICE）を発し，選択（CHOICE）を行い，主体性（OWNERSHIP）を発揮します。そして，教師は学習者のエージェンシーを育むために，児童の声（VOICE）を聴き，選択権（CHOICE）を与え，学びを自分のもの（OWNERSHIP）とする機会を設定します。そうすることによって，エージェンシーは育まれます。児童がエージェンシーをもつとき，教師と児童はパートナーの関係になります。つまり，教える，教えられるの関係ではなく，共に学びを創るパートナーとなるのです。

1　ＩＢＯ（2020）『学習コミュニティー』 p.77

② PYPの学び

4つの特徴

　PYPの学びには，4つの大きな特徴があります。

　1つ目は，児童が生涯を通じて学び続ける力を育成することです。学校教育が終わったら，学びが終わるわけではありません。学びは一生続くものであり，人生を豊かにするものです。目まぐるしく変化する社会を生き抜くため，そして，平和な世界を築くことに貢献できるよう，学び続ける力を育成します。

　2つ目は，教科の枠をこえた6つのテーマです。PYPでは国際教育プログラムの文脈の中で必須と考えられる6つの教科の枠をこえたテーマを設定しています。このテーマを中心に年間6つの探究の単元（UOI：Unit Of Inquiry）を創り，カリキュラムを構成します（詳しくは本章第3節，第4章参照）。

　3つ目は，概念の探究です。以前，知識はたくさん持っているほどよいとされていましたが，今は，知識があるだけでは通用しません。「自分で考えられるか？」「今までの知識や経験をどう生かし，活用していくか？」これらができることが重要なのです。つまり，知識をただ詰め込むだけではなく，知識が実際に使えるようになることが求められているのです。そのために，概念を理解することが必要なのです。概念を理解できると，物事の本質を捉えることができ，自分で考えて課題や問題の解決のために行動することができるようになるのです（詳しくは第5章参照）。

　4つ目は，セントラルアイデアからの逆向き設計です。セントラルアイデアとは単元の目標，いわばゴールです。探究の単元（UOI）の授業デザインは，セントラルアイデアというゴールから逆算して計画します。教師は，生涯を通じて役立つ考え方や概念を絞り込み，セントラルアイデアに表します。セントラルアイデアを通して，児童に理解してほしいこと，身につけてほしいこと，すなわち目的と意図を明確にするのです。この逆向き設計で大事なことは，授業の設計者である教師は，明確なゴールから逆算して単元全体の見通しを立て，セントラルアイデアに到達するために必要な知識，課題，活動を意図的に設定していくことです。

　このような特徴をもつ学びを，教師はエージェンシーを意識しながら実践をしています。児童の声を聴き，尊重し，また問いかけていきます。児童に選択権を与え，自らの学びに責任をもつことを意識づけることでエージェンシーを育んでいくのです。

3 探究プログラム　6つのテーマ

6つの「教科の枠をこえたテーマ」

　ＰＹＰでは，探究学習のための枠組みのことを「探究プログラム」と呼びます。これは，年間指導計画にあたり，探究プログラムを見れば，その学校の教育が分かるＰＹＰの要となるもので，次のような特徴をもつ6つの「教科の枠をこえたテーマ」に基づいて作られます。

- ・すべての文化に生きる児童にとって，地球規模で重要な意味をもつ。
- ・人間の経験の共通性を探究する機会を提供する。
- ・従来の教科から得られる知識，概念，スキルを使い，さらに教科の枠にとらわれず活用することによって，教科のしばりをこえるような指導と学習の一助となる。
- ・児童が学校で教育を受ける期間全体を通して何度も考察するため，最終的に，幅広く，深く，体系的に整ったカリキュラム内容となる。
- ・すべてのＰＹＰ校のカリキュラムを統一する上での共通の基盤となる。

　これらの条件を満たす6つの「教科の枠をこえたテーマ」は次の通りです[2]。すべての国や地域，及び児童の学習段階にわたって意義と関連性を有する人間の共通性を捉えたものになっています。

1. Who We Are（私たちは誰なのか）
2. Where We Are in Place and Time（私たちはどのような場所と時代にいるのか）
3. How We Express Ourselves（私たちはどのように自分を表現するのか）
4. How the World Works（世界はどのような仕組みになっているのか）
5. How We Organize Ourselves（私たちは自分たちをどう組織しているのか）
6. Sharing the Planet（この地球を共有するということ）

　アーネスト・ボイヤー（1997）は，「真の意味で教養を身につけるには，児童はそれぞれの教科の間に関連を見いだし，別々のテーマを統合する方法を発見し，最終的には学んだことを自分の人生に関連づけることができなければなりません」と述べています[3]。また，ボイヤーは，「美を鑑賞するということ」や「グループに属するということ」といった人間に共通する経験を表す一連のテーマを児童が探究すべきであると提案しました。彼はこれを，「核となる共通性」（core commonalities）と名づけました[4]。この"共通性"という考え方について，複数の視点に基づいた議論を重ねた結果，前述した6つの「教科の枠をこえたテーマ」が導き出

2　ＩＢＯ（2018）『ＰＹＰのつくり方：初等教育のための国際教育カリキュラムの枠組み』　pp.14-15
3　ボイヤー（1997）『ベーシックスクール：アメリカの最新小学校改革提案』中島章夫訳　玉川大学出版部
4　2同掲書　p.14

されたのです。児童は，このような地球規模で重要な課題を「探究の単元（ＵＯＩ）」を通じて探究し，学びます。それぞれの単元には，該当する「教科の枠をこえたテーマ」と関連した「セントラルアイデア」が設定されています。また，各単元の中心的アイデアに基づいた探究をするために「探究の流れ（lines of inquiry）」が設定されています。このように，「教科の枠をこえたテーマ」を中心に学習を組み立てることで，教科間をつなぎ，すべての教科を横断し，かつ教科の枠をこえるような，真に意味のある学びのつながりがつくられます。

「探究プログラム」では，6つのテーマを各学年で繰り返し，探究します。6つのテーマ×6学年ですから，小学校を卒業するまでに36の探究学習をすることになります。各学年で設定されている探究の単元（ＵＯＩ）は，縦軸（学年）にも横軸（教科の枠をこえたテーマ）にも整合性の取れたプログラムにする必要があります。また，全体のバランスを見て，学年が上がるにつれて，より広く，より深い探究が行われるように設計します。「探究プログラム」は，ＰＹＰ教師たちの協働設計によって，一人の教師の才能や技量をこえたプログラムになります。

教科の枠をこえた学習を行うことのメリット

教科の枠をこえた学習を行うことによって，以下のようなメリットが考えられます。

- ●教科の枠をこえた学習により，児童は様々なトピックやテーマをより深く理解する機会を得ることができます。異なる教科間の関係性やつながりを認識し，知識を統合的に捉える力が養われます。
- ●現実の課題や問題は単一の教科にとどまらず，複数の要素や視点からアプローチする必要があります。教科の枠をこえて学ぶことで，児童は現実世界の複雑さに対応するスキルを養うことができます。また，グローバルな課題をローカルな視点で考える力も育まれます。
- ●教科の枠をこえて学ぶことで，単に情報を覚えるだけでなく，情報を分析し，照らし合わせ，新たなアイデアや解決策を見つける能力が向上します。これにより，批判的思考力と問題解決力が育まれます。
- ●教科の枠をこえた学習は，コミュニケーション，協力，リーダーシップ，研究，プレゼンテーションなど，様々なスキルを発展させる機会を提供します。これらのスキルは生涯を通して役立つものです。
- ●児童の興味や関心に基づいてテーマやプロジェクトを選定することで，学習に対するモチベーションが高まります。教科の枠をこえた学習は，個々の児童の学習体験をよりパーソナライズされたものにします。
- ●教科の枠をこえて学ぶことは，児童が学習への好奇心や継続的な関心をもつ一助となります。独自の関心や興味を追究することで，生涯にわたる学習の姿勢が育まれます。

4 探究の単元（UOI）の基本要素

4つの基本要素（Essential Elements）

　効果的な指導とは「暗黙のうちに教科の枠をこえるものである」と，オルブライト（2016）は述べています[5]。ＰＹＰに含まれる要素は，教科の枠をこえた学習と指導の生きた実践を導くように設計されています。これらの要素が，教科の枠をこえた思考力を養い，現実社会の課題を探究して変化をもたらすための基礎をもたらします。また，「人類に共通する人間らしさと地球を共に守る責任を認識した国際的な視野をもった人間」が育つのです[6]。

　図2のように，ＰＹＰでは，基本的な知識とスキルの習得，概念的理解の発達，ポジティブな姿勢の提示，責任をもった行動をとれること，すべてのバランスが保つことを目指しています[7]。このバランスを達成するために，探究の単元（UOI）を計画する際の基本要素（ＥＥ：Essential Elements）が5つ（知識，概念，スキル，姿勢，行動）設定されています[8]。本節では次の4つについて説明していきます。

図2　ＰＹＰにおける教科の枠をこえた要素

●知　　識：児童の経験や先行知識，理解度を考慮した上で，児童が探究し，学ぶにふさわしい重要で意義のある関連性の高い内容
●概　　念：教科との関連だけでなく，教科の枠をこえて活用できる重要な考え方。意味や理解の形成を促したり，知識と知識を関連付けたりして新しい価値を生み出すためのツール
●スキル：変化し続け，課題の多い世界を生き抜くために必要な力
●行　　動：責任ある行動の意味を深く理解し，自発的に行動すること。また他の基本要素の実践の結果として表れるもの

5　オルブライト（2016）『Transdisciplinarity in Curricular Theory and Practice』　p.532
6　ＩＢＯ（2019）『国際バカロレア（ＩＢ）の教育とは』　p.2
7　ＩＢＯ（2024）『学習と指導』　p.13
8　2同掲書　p.12

●知識

　ＰＹＰの基本要素の一つである知識とは，“児童に知ってもらいたいこと”“学んでほしいこと”です。従来の教科の知識も重要で，ＰＹＰのカリキュラムモデルを構成する要素の一つとして挙げられています。知識がなければ，探究も発展していきません。日本の学習指導要領では各教科ごとに，低学年，中学年，高学年の発達段階に合わせて，学習すべき内容が網羅されています。ＰＹＰでも『ＰＹＰのつくり方：初等教育のための国際教育カリキュラムの枠組み』(2018) の付録に「言語」「算数」「理科」「社会」「体育」「芸術」の教科ごとに知識についての解説が掲載されています[9]。ただし，教科固有の知識を覚えているだけでは不十分です。そこで，知識を活用して，自分に関連のある事柄を探究できるように，教科の信念と価値観，「探究プログラム」におけるその教科の役割，概念やスキルとの関わりなどが解説されています。教科の枠をこえて学ぶことをふまえて，必要な知識を習得していくのです。

●概念

　概念とは，幅広く，抽象的で，時代をこえる普遍的なものです。知識があっても，それを知っているだけでは意味がありません。応用したり，活用したりすることができて，初めて物事を理解したことになります。概念は，新しい知識と知識をつなぎ，新しい価値を生み出すことを可能にします。また，概念は，知識の広さや理解の深さに制約を課すことがありません。そのため，すべての児童がそれぞれの立ち位置から概念を用いることができます。ＰＹＰでは，より幅広く，奥深く探究するため，そして，思考や学びの助けとなるためのツールの一つとして，「特定概念 (Specified Concepts)」をカリキュラムの構成要素に含めています。「特徴 (Form)」「機能 (Function)」「原因 (Causation)」「変化 (Change)」「関連 (Connection)」「視点 (Perspective)」「責任 (Responsibility)」の7つです。この7つの「特定概念」は，時間や場所などの条件や教科の枠に縛られることのないもので，探究するときに使う虫眼鏡のような働きをするものです。探究の目的に到達するための道筋を示すものでもあります（詳しくは第5章参照）。

●スキル

　ＰＹＰでは，スキルのことを学びに到達するためのものという意味で，「Approaches to learning」略して「ＡＴＬ」と呼んでいます。直訳すると「学びへの到達」です。以前は，「教

9　2同掲書　付録　pp.76-159

科の枠をこえたスキル」と呼んでいました。今では，ＩＢでは「学び方を学ぶこと」が教育の基本であるという信念を表すために，「ＡＴＬスキル」と呼んでいます。ＡＴＬスキルは，相互に関連する５つのカテゴリーで構成されています。「思考スキル」「リサーチスキル」「コミュニケーションスキル」「社会性スキル」「自己管理スキル」です。これら５つのスキルのそれぞれに，さらに関連づけられたサブスキルが設定されています。これらのスキルを高めることによって，年齢問わず一生涯学び続けることができ，すべての児童が自己調整型の学習者（self-regulated learners）となることを目指しています。つまり，自分の学びについて，目標を設定し，学習方法を計画し，学習のプロセスを振り返り，必要に応じて調整し，結果を自ら評価することができるようになるのです。このＡＴＬスキルは，中等教育のＭＹＰ（Middle Years Programme）や，高等教育のＤＰ（Diploma Programme）でも同じものが設定されています。つまり，初等教育から繰り返し，５つのＡＴＬスキルを習得し，生涯学習者へと成長していくのです（詳しくは第６章参照）。

●行動

　行動とは，単元で学んだことを日常生活の中に活かし，実際に行動に移すことです。児童のエージェンシーの中心であり，ＰＹＰのプロセス及びプログラムの国際的な視野における総体的な成果において欠くことができません。ＰＹＰでは，知識やＡＴＬスキルを身につけるだけでなく，社会的に責任のある行動や思いやりのある行動がとれるようになるまでが教育であると考えています。知識があっても，それを知っているだけでは何の役にも立ちません。応用し，活用できなくては意味がありません。活用するためには，ＡＴＬスキルが必要であり，また，行動しなくては何も実現することはできません。ＩＢの使命でもある平和な世界を築くことに貢献するためには，自らの力で動くことを決め，とるべき行動を選択し，その行動の振り返りをする力を身につける必要があります。振り返りをして終わりではなく，振り返りをして，次につなげていくことが重要なのです。思った結果にならなくても，次に進むことが重要です。そのためにも様々なスキルを身につけ，自発的に行動がとれるように，教師は，様々な学びの場を提供します。行動は常に自発的であるべきとしながらも，問題の複雑さから明確な解決策が簡単には見つけられない場合もあります。そのようなときは，行動を起こさないことが最善の選択である場合もあることを忘れてはなりません。

　目まぐるしく変わりゆく多様性の時代に，一人一人が自分の個性を理解し，他者の個性を受け入れ，活かしていくことによって，新たな価値がつくられ，様々な問題を他人ごととはせず，自分ごととして考えて自発的に行動することができれば，"より良い，より平和な世界の実現"は近づくのかもしれません。

5 探究

協働設計ならではの探究プラン

　探究の単元（ＵＯＩ）は，1ユニット30〜60時間（期間は，学年，単元の内容による）で設定されていることが多いです。学校によりますが，私の勤務していた学校では，ユニットが始まる前に，プレプランニング（概念の共有），プランニング（探究の計画）を協働設計します。ユニットが始まると，その学年に関わる教員やコーディネーターが探究の授業に入り，週1回のウィークリーミーティングでは，探究の授業の振り返りをし，より良い授業になるようプランの修正をします。ユニット終了後は，リフレクション（振り返り）を行い，探究の内容が児童にとって意味深いものであったか，児童が主体的に取り組むことのできる内容であったか等，次のユニット，次年度のユニットへの改善策が話し合われます。

　プランニングする上で，大切なことは『協働設計』です。担任が一人でプランニングするのではなく，専科教員も共に探究のプランを協働設計します。児童の意見により，プランを変更することがあるので，児童もまたプランニングの参加者の一人であると言えます。一人では見えなかったものが見えてきたり，一人では不可能だったことが可能になったりすることが，協働設計の醍醐味ではないでしょうか。

探究とは自分を知ること

　「探究とは自分を知ることである」とある児童が教えてくれました。自分を知らないと，調べたいこと（トピック）を決められないし，計画も立てられなくて，課題がたまってしまうのだと言っていました。自分が今，何に興味をもっているのか，なぜそのことが気になるのか，それを知るためにはどうしたらよいのか。締め切りまでに課題を仕上げるにはどのようなスケジュールを立てたら実現可能なのか。毎日コツコツやるのか，それともスタートダッシュをかけるのか。確かに自分を知らないと探究を進めることは難しそうです。そう考えている時点で，彼はもう立派な自己調整型の学習者（self-regulated learner）であることが分かります（探究学習については第4章参照）。

コラム② エージェンシーを育む授業のコツ

エージェンシーを育むには，「VOICE」「CHOICE」「OWNERSHIP」の3語につきます。エージェンシーを意識した授業として，音楽の授業の1コマをご紹介します。

例えば，音楽会の曲を決める際，最初に，何曲か候補曲を聴かせます。次に，各自ノートにどの曲を演奏したいか，なぜその曲がよいのか理由を書きます。各自ノートに自分の考えを書けたら，30人クラスの場合，5人×6グループを作り，グループごとに話し合いをします。

グループで話し合いをする際には，司会と書記，タイムキーパー，発表者を決めてから話し合いを進めます。①必ず一人1回は発言すること（ノートに書いてあることを読めばよいので大抵の児童は発言できます。），②どのような意見であっても否定せず認めること，③多数決では決めず納得解を出すことの3つが話し合いの約束ですが，IB生であれば当たり前のことかもしれません。教師は助言を求められたら，もちろん助言しますが，基本的には，子どもたちの話し合いには入らず，様子を観察します。子どもたちが自ら「VOICE」を発しているか，「OWNERSHIP」を発揮できているか，そして話し合いの結果から何を「CHOICE」しているか観察するのです。

次に各グループの意見をプレゼンし，音楽会で演奏する曲を「CHOICE」します。今度は教師が児童の「VOICE」を聴く番です。すべてのグループの意見が出そろったら，もう一度，今度はみんなでどの曲にするか話し合います。中にはグループで話し合った結論とは異なる意見になる児童もいますが，それでよいのです。とことん話し合い，自分たちで「CHOICE」します。自分たちで「CHOICE」した曲ですから，当然この時点でほとんどの児童が「OWNERSHIP」をもつことができます。

その後の練習の場面でも同じです。個人練習→グループ練習→全体練習→振り返り→次回の課題設定を繰り返し行うのですが，自分たちが選んだ曲なので，多少の壁は自分たちで乗り越えようとします。ちなみに音楽会の全体練習の際には，あくまで児童の作品をより良くするためのサポートとして，教師が指導する場面もあります。

そして，児童によっては，休み時間や放課後の時間を使って，苦手を克服したり，演奏技術を磨く努力をしたりします。その際も，基本，教師は見守りをします。児童からのリクエストにより，指導することもありますし，自信を失いかけている児童には教師から声をかけて練習を促すこともあります。そのようにして完成した音楽は，子どもたちに自信を与え，自己効力感やエージェンシーを高めることにつながります。

第**3**章
探究の単元（UOI）

アオイ先生

だんだんＰＹＰのことが分かってきましたが，
探究学習をどのようにつくればよいのか，早く知りたいです。

では，どのように探究の単元（UOI）を設計するのか，具体的な例を挙げながら紹介しましょう。
私たちは探究の単元は Unit of Inquiry の略でUOIとも呼んでいますがここでは分かりやすく日本語で説明しますね。

リサコ先生

アオイ先生

でも，私にもできるのか，心配です。

大丈夫ですよ。ここで紹介されている探究の単元（UOI）を，
「このままやってください！」というものではありません。
あくまでも一例で，これがすべてではありません。
探究学習のつくり方として何をどう取り入れて，アレンジしていくのかは
先生次第です。取り入れられそうなヒントを見つけてください。

リサコ先生

1 ユニット構想の過程

協働設計の流れ

　はじめに確認しておきたいことは，教師による協働設計の重要性です。探究の単元（UO
Ｉ）は，その学年の担任及び，その単元の学習内容に関わる専科教員など複数名で協働設計す
ることが基本とされています。これは，より多様な視点や考え方を内包したユニットを設計す
ることが，子どもたちの学びをより豊かにすると考えられているからです。

　ユニット構想の大まかなステップは次の通りです。

　　1　教科の枠をこえたテーマから，今回のユニットの方向性を探る
　　2　今回のユニットの核となる概念を抽出する
　　3　セントラルアイデアを決める
　　4　ＡＴＬスキルを設定する
　　5　総括的評価課題を決める
　　6　今回のユニットで獲得を目指す教科の知識とスキルを確認する
　　7　探究の流れを決める
　　8　ＩＢの学習者像を設定する
　　9　エージェンシーについて検討する
　　10　探究のサイクルに沿った学習活動を検討する
　　11　プランナーに落とし込む

　これは，必ずしもこの順番通りに行われるわけではなく，前後する場合もあります。

　では，この11のステップを詳しく説明していきましょう。

⑴教科の枠をこえたテーマから，今回のユニットの方向性を探る

　ＰＹＰが設定している教科の枠をこえたテーマとその探究の対象をもとに，チームみんなで
アイデアを出し合います。ファシリテーター役が，黒板やホワイトボードなどに記録していき
ます。デジタルで記録する方法もありますが，思考を発散していく過程では手書きアナログの
方が向いているでしょう。

　では，4年生の2学期に実施した教科の枠をこえたテーマが「Sharing the Planet」のユニッ
トの例を紹介しましょう。このユニットの探究の対象は「限られた資源を他の人々や生物と
共有するにあたっての権利と責任」でした。まず，このことについて，それぞれに思いつくこ
とを自由に出してもらいます。この段階では，ユニットのことや子どもたちのことなどは考え
ず，まずは大人たちがそのテーマについてどのようなことを知っているのか，考えているのか

ということを表出させることが大切です。そのときに話題になっている出来事や，関連する書籍や映画，テレビ番組など，どんどん挙げていきましょう。一般的なことも大切ですが，個人的なエピソードも必要です。自分の過去の経験と結びつくことや，最近の趣味について語ることも全部 OK！　一見，雑談が盛り上がっているのかと思うほど，チームのみんながわいわいと話ができると素晴らしいです。ここで，その場にいる人それぞれがもっているイメージを出し合って，土台をつくっていきます。

　ある程度土台が固まってきたら，今度は，このユニットに一緒に取り組む子どもたちのことを考え始めます。土台をもとに，このユニットを通して，子どもたちにどんなことを考えてほしいか，感じてほしいか，体験してほしいかということを出し合いましょう。まだ，この段階では，「しなくてはいけないこと」は入ってきていないことも重要なポイントです。6週間もかけて，探究していくだけの価値はどんなところにあるのでしょうか。このユニットが終わったときに，それぞれがどのような理解をつくり出していることを望んでいるのでしょう。この話し合いが充実していると，実際にユニットが始まってからとても大きな威力を発揮します。

> 　このときの4年生は，3年生のときに同じ Sharing the Planet でワンガリ・マータイさんが提唱した MOTTAINAI (3R+Respect) について探究していました。SDGs についてもこのユニットで触れていたこともあり，その一歩先はなんだろうということをチームで考えました。また，探究の単元（UOI）に1年生から取り組んできているこの子たちには，そろそろこういう問題はきれいごとだけでは解決しないという壁にもぶつかってほしいねという意見も出ました。

　なんとなく，このユニットの方向性が見えてきて，ようやく「しなくてはいけないこと」の出番です。このユニットに組み込まれている教科の単元内容を確認しましょう。今まで話し合ってきたことと照らし合わせながら，方向性をより詳しく見定めていきます。このときに，欲張り過ぎないことが大切です。せっかく大きな枠組みでアイデアを出し合ったので，あれもこれも採用したい気持ちはとてもよく分かるのですが，風呂敷を広げ過ぎると後が大変‼「しなくてはいけないこと」をきちんとおさえるためには，諦めなくてはいけないこともあるでしょう。無理のないところから始めることをおすすめします。

> 　今回のユニットには，社会科と理科の水についての単元がそれぞれ含まれています。限られた資源の一つとして，水を取り扱うことは，この段階で自ずと決まります。また，国語の「調べたことを報告する」についての書くことと話すことの単元も「しなくてはいけないこと」に入っているので，まとめの学習活動の候補も見えてきます。

(2)今回のユニットの核となる概念を抽出する

　さあ，このあたりまでくると，きっともう黒板やホワイトボードはチームのみんなから出た意見やアイデアでいっぱいのはずです。ここからは，ある程度話し合いを収束させていく方向に切り替えましょう。繰り返し出てきているキーワードや，チームのみんなが強く同意していた箇所はどこでしょうか？　概念を抽出すると聞くと難しいことのように感じるかもしれませんが，キーワードを探すと考えると少しハードルが下がるかもしれません。チョークやペンの色を変えて印をつけたり，新たに考えたキーワードを書き加えたりしましょう。概念（＝キーワード）が5，6個，出てくれば，まずは十分です。

> 　この段階で印をつけたキーワードには，「エネルギー」，「葛藤」，「循環」，「持続可能性」，「地球の未来」,「環境問題」などがありました。ただ，「持続可能性」はすでにそれまでのユニットで取り扱ったことがあったので，核となる概念には選びませんでした。

(3)セントラルアイデアを決める

　ユニットの錨の役割を果たすセントラルアイデアを決めるには，慣れが必要です。なかなか，すぐにはこれといったものが思いつかないので，私はいつも「数打ちゃ当たる」戦法をとっています。セントラルアイデアは，核となる概念2つ以上の関係性を明文化したものです。そのため，ステップ2で抽出した核となる概念（＝キーワード）から，それぞれ好きなものを2つ選んで，まずはセントラルアイデア（仮）を2，3つ作成してもらいます。このあたりは，テンポよくいくことも大事なので，制限時間（5〜10分ほど）があってもいいかもしれません。そして，チーム全員から出してもらった候補を一覧にして，セントラルアイデアの方向性をまずは決めていきます。数が並ぶと，なんとなくこれは違うとか，こんな感じがいいかも！というものが見えてくるので，そこから細かなニュアンスや語順などにこだわって，ブラッシュアップしていくとよいでしょう。このときに，安易に多数決で選ぶことは避けましょう。セントラルアイデアに違和感をもったまま，ユニットを展開すると後で苦しむことになりかねません。チームみんなが納得したり，妥当だと感じたりする一文になるまで調整を繰り返しましょう。抽象度を調節することもポイントの一つです。

> 　ああでもない，こうでもないとみんなで検討した結果，このときのセントラルアイデアは，「人類は葛藤を乗り越えて循環型社会の実現を目指す」に決定しました。「人類」がよいのか「人間」がよいのか，「実現を目指す」なのか「実現する」なのかという点も議論されました。セントラルアイデアは，時と場所を超えて当てはまるものでなくてはなりません。「人間」よりも「人類」の方が，時間軸が長い印象をもつということや，「実現する」では，できていない現状がある以上，時と場所を超えていないということから，上記のセントラルアイデアになりました。

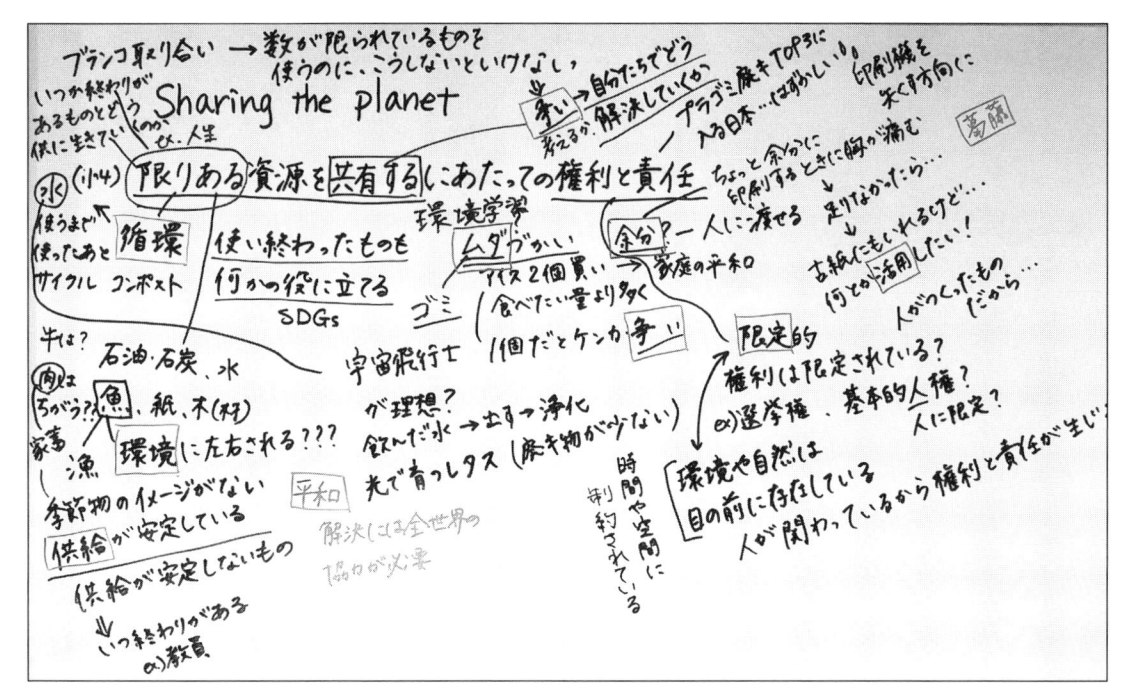

図1　教員の協働設計のイメージ図

⑷ＡＴＬスキルを設定する

　今回のユニットを通して，子どもたちに新たに身につけてほしいＡＴＬスキルを設定します。実際には，子どもたちのここまでの学習履歴や１年間の中でバランスを見て決めることが必要です。また，第１章でも述べた通り，設定したＡＴＬスキルは練習する場とそれを活かす場の両方が必要になるため，あまり数を多く設定しても対応しきれないことが多いです。ユニットにあてられている授業時数にもよりますが，２，３個程度だと無理がないのではないでしょうか。

> 思考スキル：批判的思考（問題点や考えを分析し，評価する）
> 自己管理スキル：管理・調整スキル（時間とタスクを効果的に管理する）
> 　今回のユニットでは，上記の２つに絞りました。コミュニケーションスキルも重要なのですが，学習内容に含まれている国語の単元のスキルと重複する箇所があり，今回は外しました。また，プレゼンテーションスキルは，ここまでに培ったものをそれぞれが必要に応じて駆使することにして，新たなものはここでは加えないことにしました。

⑸総括的評価課題を決める

　次に，単元のまとめとしての学習課題を設定します。総括的評価課題と呼んでいますが，そ

のユニットのセントラルアイデアの理解や，ＡＴＬスキルについて評価できる課題を設定することが重要です。もちろん，教科の学習内容の知識やスキルが入ってくることもありますが，多くの場合，それらは単元の途中で設定している課題の評価対象としています。総括的評価課題は，できるだけ真正な課題となるように設定の工夫が求められます。保護者や，他の学年の子どもたち，地域コミュニティーや専門家などを巻き込んで展開できると，子どもたちのやる気も変わってきます。ユニットの比較的早い段階から，この課題を子どもたちと共有して，目的をはっきりと意識させる場合と，ある程度学習が進んでから自然な流れの中で課題が発表される場合とが考えられます。どちらにも一長一短あるので，どのような意図をもって設定するかが重要です。

> 　総括的評価課題は，２，３人のチームでブースを設置することとしました。自分たちが選んだテーマについて，理解を深めてもらい，その人たちの行動が変わるように促すことを目的としています。当日は保護者の方をメインに，他の学年や中学校・高校の先生方も招待することにしました。今までの発表会とは違い，スピーチ原稿を用意することはしません。そのブースに掲示しているものや，その場での交流を通して説明するので，臨機応変な対応が求められます。これまでに様々な形の発表会を経験しているからこそ，さらにレベルアップを目指して設定しました。

(6)今回のユニットで獲得を目指す教科の知識とスキルを確認する

　ここで，いったん「しなくてはいけないこと」に焦点を戻します。このユニットに含まれている教科の学習指導要領や，教科書などを確認し，何をどこまで習得することを目指すのかを明らかにします。内容によって，探究の活動に組み込みやすいものとそうでないものがあるので，そのあたりの調整も必要です。また，その教科単独で学習していたときと同じだけの時間をかけることは難しいので，どのようにメリハリをつけるかということも相談します。この時点で大切なことは，適切な取捨選択です。何を基礎的な土台として扱い，何を発展的な内容として探究のサイクルに組み込むのかということを選別します。基礎的な土台であれば，「教え込む」ことも有効な手立ての一つです。当然，これらの内容をどのように評価するのかということについても見通しをもっておく必要があります（評価については第7章参照）。

(7)探究の流れを決める

　ＰＹＰの探究の単元（ＵＯＩ）には，３，４つの探究の流れがあります。これは，流れであって順序ではないということはとても重要なポイントです。この探究の流れは，セントラルアイデアの本質的な理解に迫るために設定されている，いわば，チェックポイントのようなものと言えるでしょう。場合によっては，チェックポイントではなく，もう少しガイドのしっかりとした道筋のようなもののこともあるかもしれません。山の頂上にセントラルアイデアがある

としたら，基本的には，どのようなルートを辿ってもいいのですが，登山の経験が浅い人にとっては，それはとても恐ろしく，不安な道のりとなってしまうでしょう。そのため，ある程度の流れを予め設定しておくことで，習得の必要な知識やスキルを落とすことなく，山頂を目指すことができるようになるのです。当然のことながら，経験値が上がってくれば，ガイドが必要な場面は減ってくるので，その分，柔軟に対応することができるようになります。

　この探究の流れは，特定概念とセットで設定します。特定概念が変わると，学習の展開が変わってくるので，ここにも注意が必要です。また，この特定概念は子どもたちが探究を進めていく上で，非常に有効なツールでもあります。学習履歴や１年間の見通しをもって，設定することが重要です。これらの探究の流れを通過することで，ステップ５で設定した総括的評価課題にスムーズに進んでいけるかどうかもきちんと確認しましょう。

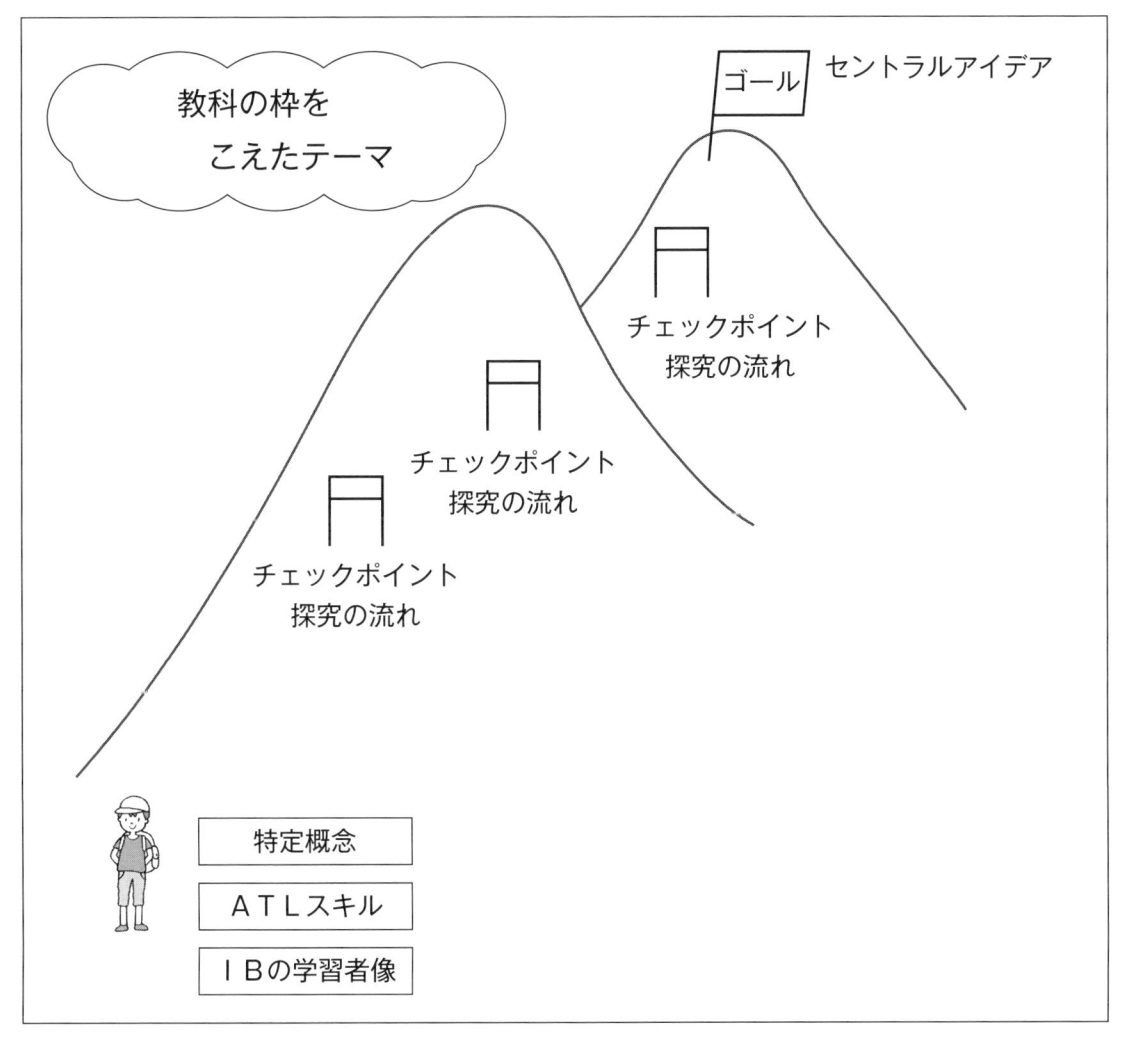

図２　探究の流れのイメージ図

> 今回のユニットの探究の流れは以下の３つです。
>
> ・環境問題における地球の現状（原因）
>
> 　環境問題に関して，地球の現状について探究を進めます。このときに，原因（Causation）という概念を通して，現状を分析していきます。環境問題がどのような状態なのかということだけでなく，何がそれらを引き起こしているのかということを明らかにしていきます。
>
> ・環境保護をめぐる対立（視点）
>
> 　環境保護が一進一退を繰り返すのはなぜなのか。どのような対立が起こっているのかということを，視点（Perspective）という概念を通して，調査していきます。それぞれの立場の人に，それぞれの言い分があり，どちらも正義となり得る可能性があることに直面することで，葛藤をどう乗り越えるのかということを探究していきます。
>
> ・人間の行動が地球に与える影響（責任）
>
> 　地球の未来についての危機が叫ばれている今，私たちはどのような行動をとればいいのでしょうか。そもそも，自分たちの行動が良くも悪くもどのような影響を与えるのかを正しく理解しているのでしょうか。責任（Responsibility）という概念を通して，それらを見つめ直していきます。

⑻ＩＢの学習者像を設定する

　ＩＢの使命として，その学校に関わるすべての人たち（児童，教職員，保護者，地域）が，「ＩＢの学習者像」により近づくことを目指します。ですが，10個すべてについて常に意識していることは難しいので，各ユニットで焦点をあてる学習者像を設定します。ユニットの学習内容や学習活動，また，そのときの子どもたちの様子などを考慮して，２，３個選びます。

> 今回のユニットでは，２つは教師側が設定し，もう１つは子どもたちが自分で選びました。
>
> 　Thinkers（考える人）：私たちは複雑な問題を分析し，責任ある行動をとるために，批判的かつ創造的に考えるスキルを活用します。率先して理性的で倫理的な判断を下します。
>
> 　Risk-takers（挑戦する人）：私たちは，不確実な事態に対し，熟慮と決断力をもって向き合います。一人で，または協力して新しい考え方や方法を探究します。挑戦と変化に機知に富んだ方法で快活に取り組みます。

⑼エージェンシーについて検討する

　ＰＹＰのエージェンシーは VOICE ＋ CHOICE ＋ OWNERSHIP です。学習者が，ユニットの中に自分の声が反映されていると感じるためにどのような手立てや工夫ができるでしょうか。どの場面で，どのような選択肢を設定することが，探究をより豊かにするでしょうか。当然の

ことながら，何でも選択肢があればいいというものではありませんよね。自由度が高くなれば，それだけ子どもたちが責任を負う範囲も広がります。そこに，無理はないでしょうか。まだ，それだけの経験値や力が蓄えられていないのに，放り出されてしまっては困ってしまいます。子どもたちが，自分ごととしてこの学習に取り組むために，どのような手立てが有効か，ぜひチームで検討しましょう。ここでもみんなで考えることが強みを発揮します。一度にたくさんのことを始める必要はありません。効果を検証しながら，一歩ずつ進んでいくことが大切です。

⑽探究のサイクルに沿った学習活動を検討する

A）Tuning In：探究へのとっかかり，問いかけ

子どもたちの関心を引き出したり，焦点化したりして，ユニットの入り口へと導きます。

> 今回のユニットでは，「人類は葛藤を乗り越えて循環型社会の実現を目指す」というセントラルアイデアを紐解く活動と映画「もののけ姫」の鑑賞をここに設定しました。セントラルアイデアが言わんとしていることは何なのかを自分なりに考えることで，このユニットの大枠に迫ります。また，映画鑑賞後，登場人物のアシタカの言動を振り返りながら，4年生にとってはあまり馴染みのない「葛藤」という概念の例を挙げていきます。共通の体験や土台をもとに話し合うことは，小学生段階の子どもたちの概念形成を大きく助け，学習コミュニティーの学びを加速します。「もののけ姫」の主題がこのユニットの教科の枠をこえたテーマ「Sharing the Planet」そのものだったこともこの映画を選んだ理由の大きな一つです。

B）Finding Out：調査活動，情報収集

Tuning In で生まれた問いや疑問に対する調査をします。教科書や書籍などのテキスト資料，動画，実験・観察，インタビューなど，一次情報や二次情報にあたります。

> ここでは，グループごとに環境問題の現状について調べ，研究レポートにまとめる活動を設定しました。また，今回の限られた資源の例として取り上げる水の調査活動として，水の三態変化や濾過の実験を並行して行います。この Finding Out で，今回のユニットの基盤となる情報を収集する段階です。研究レポートは，この後の活動の参考資料として活用できるレベルのものを目指します。

C）Sorting Out：発見したことの報告・共有，整理

グループや個人で調査したことを持ち寄って，全体で発見したことを整理します。分類したり，比較したりする中から見えてくる，パターンや関係性に目を向け，当初の問いに対する暫定的な答え（仮説）を組み立てます。新たな問いも浮かび上がります。

Finding Out で調査した環境問題の鍵となる資源がどのように使われているのか，また，その利用に関わる人々が抱える問題について整理します。どの資源においても，立場が違うと資源活用をどのようにしたいのかという思いも違うことに気づくことをねらっています。経済的な観点からその資源の利用を進めたい人と，環境保全の観点からそれを制限したい人との対立，その葛藤へと迫ることを目指します。

D）Going Further：新たな文脈での調査活動，仮説の検証

　Sorting Out で組み立てた仮説が他の事例にも通用するのかどうかを検証したり，Finding Out とは違った文脈での調査活動をしたりします。今までとは違う角度から探究することで，さらにセントラルアイデアに迫っていきます。

　地球上の限られた資源に関して，人類が抱えている問題をペアで1つ選び，その現状や背景について調査します。一体何に困っているのか，なぜ，そのような状況になってしまっているのか，また，その問題にはどのような葛藤があるのか，ということを中心にインターネットも活用します。その問題に対してどのような解決策や改善策が実施されているかについても調べ，可能であればインタビューなどを通して，実際の現場の声を集めて次の段階に活かすことをねらっています。

E）Making Conclusions：結論，解決策の提示

　ここまでの調査活動で分かったことから導き出せる，一旦の結論を示します。場合によっては，解決策や改善策をまとめます。

　限られた資源に関する問題について，調査したことをもとに，その改善に向けて自分たちにできることをまとめます。机上の空論にならないように，実現可能性や持続可能性に着目して考えることを促します。早々簡単には状況は変わらないが，諦めずに継続していくことや小さなことから始めることの大切さを実感できたというような振り返りを期待して，臨機応変に設計していきます。

F）Taking Action：行動

　Making Conclusions でまとめたことを，実際に行動に移します。行動の例として，発表や作品を通して知らせることや改善策や解決策を実施することなどがあります。

　このユニットでは，保護者や在校生に自分たちが選んだ問題の改善につながるような行動を促

す PR 活動を設定しました。ブースを設置して，資料を掲示したり，その場に訪れた人に説明したりすることを想定しました。これまでの発表会のように，事前に用意した原稿に沿って伝えるのではなく，その場のやり取りを重視しました。人に行動を促す際にはどのような伝え方が有効なのかということも試行錯誤してほしいと願い，このようなデザインにしました。

⑾プランナーに落とし込む

　ここまでチームで検討してきたことを，プランナー（学習指導案）に落とし込むことが必要です。そうすることで，まだ検討が必要な細部が見えてきたり，具体的な学習活動の計画を立てたりすることができます。ＰＹＰの探究の単元（ＵＯＩ）は，１ユニットが大体６週間と，比較的長期間の見通しが必要となるため，早めに大まかな全体像が明らかになると安心です。校外学習やゲストティーチャーの要請など，外部とのやり取りは意外と時間がかかるので，間際になって慌てることがないようにプランナーを完成させておきましょう。ただし，このプランナーは，ユニットの実践とともに書き加えられたり，修正がされたりするという点は，一般的な学習指導案とは違うかもしれません。

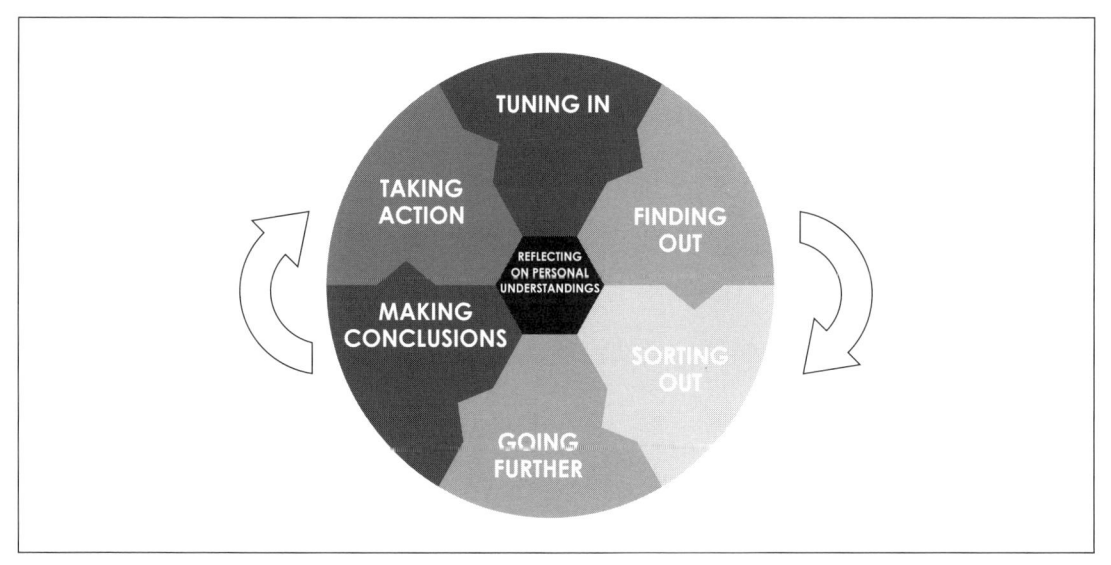

図3　キャス・マードックの探究サイクル

2 学習の展開のポイント

　ここからは，時間をかけてチームで構想したユニットを子どもたちと進めていく上で，ポイントとなることをいくつか紹介したいと思います。探究についての悩みとして，「紙の上では計画が完了しても，実際に子どもたちとどのように学習を展開していったらよいのかがよく分からない。」という声は少なくありません。もちろん，1回目からうまくいかなくても問題はないのですが，いくつかのポイントをおさえておくと，より確かな手応えが得られるのではないかと感じています。

⑴セントラルアイデアを紐解く

　提示されたセントラルアイデアに対して，「これってどういう意味だと思う？」とシンプルに聞き，それぞれの子どもたちが，その時点での自分の考えや解釈，疑問などについてノートに書き出します。この活動には，重要な要素が複数含まれています。まずは，ユニット開始時のセントラルアイデアに対する理解が記録されることで，ユニット終末での振り返りにおいて，本人が自分の成長・変容に気づくことができます。また，聞いたこともないような言葉や，何を意味しているのかよく分からない一文に対して，様々な方法を駆使して挑むことは，問題の解決に向けて多様な試みをすることや粘り強く向き合うことにつながります。この様々な方法の中には，セントラルアイデアを分解して分かる言葉をもとに考えることや，漢字のもともとの意味から推測すること，これまでの探究の単元（UOI）とつなげてみることなどがあります。さらに，このノートに書かれたことは，その子にどのような既有知識があるかを知る重要な手がかりとなります。計画段階で，教師側が想定していた児童の実態と照らし合わせて，今後の学習の展開を調節するためのフィードバックの機能ももっています。

　最初は，「分からない」とノートに書くだけでも，記録としては十分に意味があることを，子どもたちに伝えることがとても大切です。ただ，分解したときに，そこに書いてある言葉の意味が全く分からないということはまずないので，分かる言葉について言い換えてみる，こうかな？と思うことについては，予想として書いてみることを助言します。文字だけでなく，イラストや図で表したり，架空の人物を登場させてチャット形式で二人が会話しているように表現したりするなど，子どもたちが独自の方法を編み出していくこともあります。

　個々が考える時間を十分に確保したら，今度は学級全体で共有します。自分以外の30数人分の意見を聞き続けることは，なかなか忍耐力のいることですが，徐々に他者の発言に触発されて自分の考えが発展することや，自分とは全く違う解釈や感じ方に触れることの面白さを実感していきます。このときの教師の役割は，とにかく一人一人が考えたことを聞き，記録として残していくことです。また，「もう少し詳しく教えて」や「どうしてそう思ったの？」などと問い返すことで，その子の中にはあるけれどもうまく表現しきれていない部分を引き出すこと

も大切な役目です。個人としても，学級全体としても，ユニット開始時点でのセントラルアイデアに対する理解が書き記されたところで，この活動は終わります。

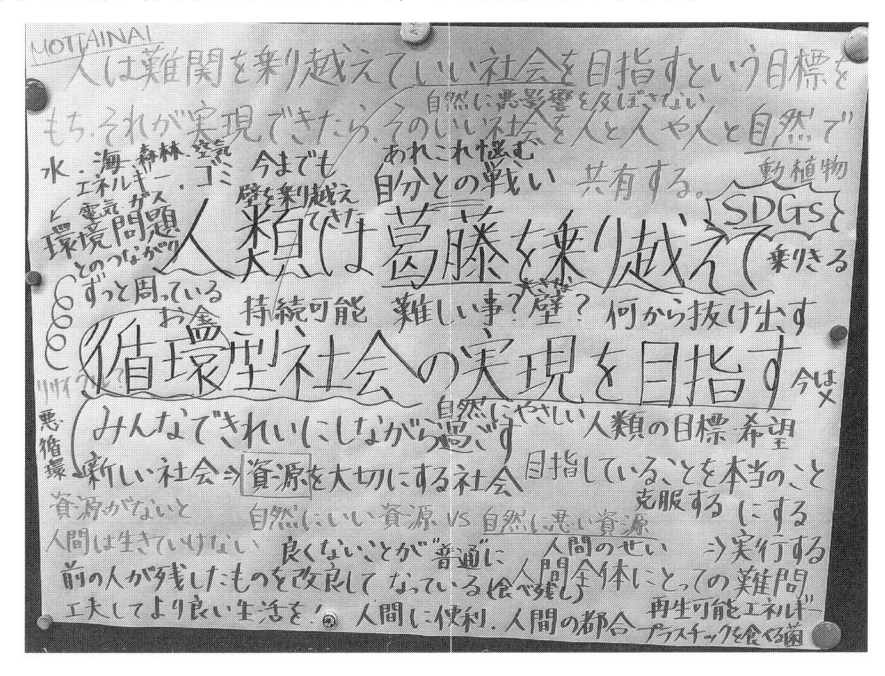

図4　セントラルアイデアの模造紙

(2)体験学習との関連

　このユニットが始まる数週間ほど前に実施した宿泊体験学習では，富士山お中道や忍野八海を散策しました。教師側は，これらの活動もユニットの設計の中に組み込んでいたので，あちらこちらで動画を撮影し教材として活用することを予め計画していました。実際に，ユニットが始まり水についての学習に入ると，子どもたちからも宿泊体験学習での活動を想起する声が上がりました。今回のユニットの場合は宿泊体験学習での経験でしたが，どのユニットでも，できるだけ探究の単元（UOI）以外で子どもたちが経験していることと有機的につながるようにデザインすることがとても重要です。次第に，子どもたち自身が授業外でのつながりを見つけて全体に報告したり，共有したりしてくれるようになります。それらのつながりが多いほど，地に足のついた学習が展開されると実感しています。

(3) VOICE　～ユニットデザイン

　ＰＹＰが大切にしているエージェンシーの一つとして VOICE があります。これには，声を上げることができるというのは当然ですが，その声が全体の活動や様子に反映されていると実感できることまでもが含まれています。セントラルアイデアを紐解いて，なんとなくユニットの全体像が見えてきたら，子どもたちにユニットデザインをしてもらう時間を設けています。

このユニットでやりたいことを書き出す，このユニットの探究の流れや特定概念を予想する，ＩＢの学習者像を設定するなどが挙げられます。多くの場合は，事前の設計段階で計画したことにすでに組み込まれていますが，子どもたちの意見によって，新しい学習活動を設定したり，予定されていたことの順番を変えたりすることもあります。これらのステップは，子どもたちがより主体的に学ぶための手立てであると同時に，ＰＹＰフレームへの理解を子どもたち自身が深めていくという，学び方を学ぶことにも直結しています。

⑷研究レポートの作成　～特定概念の活用と自己管理スキル

　研究レポートの作成に取り掛かる段階で決まっていたことは，①トピック（どの環境問題なのか），②メンバー，③トピックの現状と背景の分析を書くこと，④研究レポート集として，この後の探究活動の参考資料となり得るものにすること，の４点でした。まずは，グループごとに，問いを立てるところから始めました。このときに大活躍するのが，７つの特定概念です。子どもたちが持っている探究ノートには，特定概念とそれぞれのキークエスチョンの一覧が貼ってあります。それを参考に，自分たちが選んだ環境問題について，調査したい問いをいくつも挙げていきます。そして，研究レポートの構成も考えながら問いを精査していきました。今回は，現状と背景の分析が必須なので，多くの子は「特徴」と「原因」を選び，もう１つを加えていました。探究の単元（ＵＯＩ）に限らず，様々な授業の課題で，この特定概念は活用できます。特に，何かを調べたり，まとめたりするときには，特定概念を３つ提示して，これについては必ず触れることという条件にしておくと，自由度を確保しつつも大枠を示すことができて非常に有効です。

　この課題でもう１つ大切にしていたことが，自己管理スキルです。４年生なので，当たり前と言えばそうなのですが，見通しを立てたり，計画的に進めたりすることに学級の中で大きなバラつきが見られました。探究の単元（ＵＯＩ）では，みんなで同じように進める時間は少なくなっていきます。そうなると，時間やタスクの管理は個人に任されることが増えます。今回は３，４人のグループだったので，できるだけ最初のインストラクションのみで，あとは見守ることに努めました。（もちろん，ここまでにも計画の立て方や，時間管理には取り組んできています。）研究レポート完成までの工程と最終締め切りはみんなで確認しました。また，途中のチェックポイントとして，他のグループと進捗状況を見合う機会も３回設定しました。そして，これまでにも何回も使ってきた計画表のフォーマットを渡して，スタートです！　結果は…，締め切りに間に合ったのは10グループ中５グループでした。これを多いと見るのか，少ないと見るのか。途中，このままだと厳しいだろうなというグループに個別に声をかけることはしませんでした。自分たちの思う通りにやってみて，あるいはそこに意識が向かなかったとして，その結果をそのまま受け止めてほしいと思ったからです。そして，そこからどうしていくのかという「失敗から学ぶ」ことの重要性に気づくことが，自立した学習者になるためには

欠かせないからです。時として，大人が手をかけ過ぎてしまっていることはないでしょうか？
その一声，その支援は，長期的に見て本当にその子の成長の助けとなっているでしょうか？

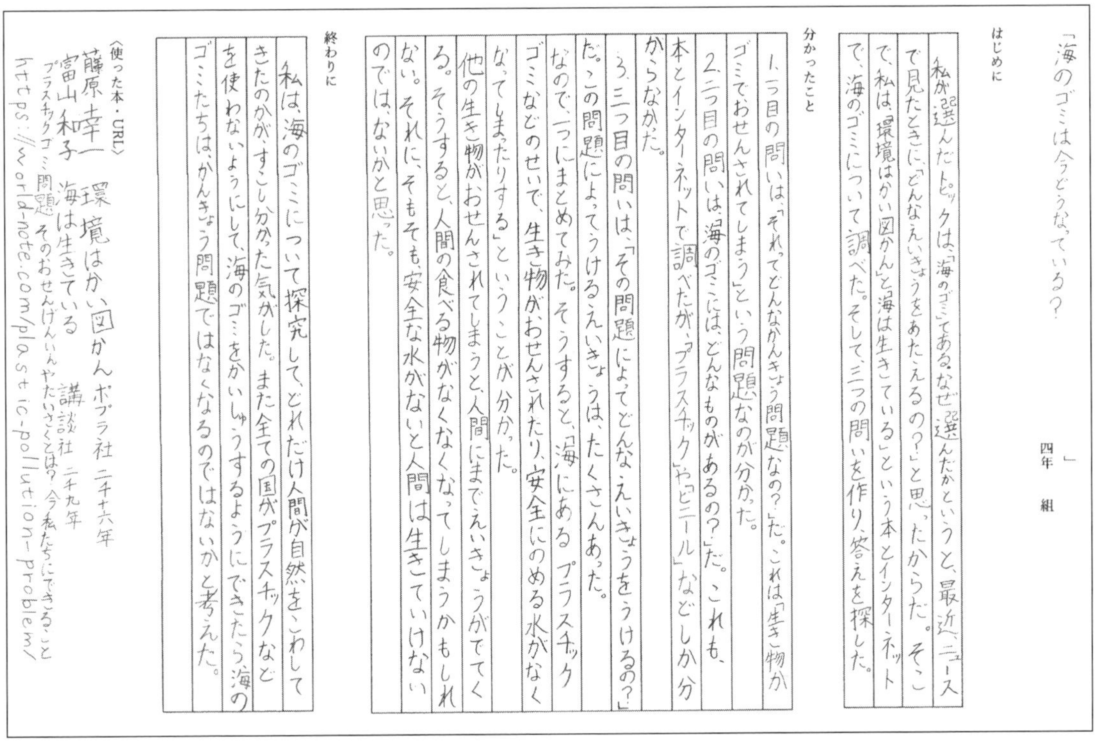

「海のゴミは今どうなっている？」

四年　組

はじめに
　私が選んだトピックは、海のゴミはなぜ、どこにあるの？なぜ選んだかというと、最近ニュースで見たときに、どんなえいきょうをあたえるの？と思ったからだ。そこで、私は、環境はかい図かんと海は生きているという本とインターネットで、海のゴミについて調べた。そして、三つの問いを作り、答えを探した。

分かったこと
　1、1つ目の問いは「それでどんなかんきょう問題なの？」だ。これは「生き物がゴミでおせんされてしまう」という問題なのが分かった。
　2、2つ目の問いは海のゴミには、どんなものがあるのだろう？だ。これも、本とインターネットで調べたが、「プラスチックやビニール」などしか分からなかった。
　3、三つ目の問いは「その問題によってどんなえいきょうをうけるの？」だ。この問題によってうける、えいきょうは、たくさんあった。なので、一つにまとめてみた。
　ゴミなどのせいで、生き物がおせんされたり、安全に海にのめる水がなくなってしまったりするということが分かった。他の生き物がおせんされてしまうと、人間にまでえいきょうがでてくる。そうすると、人間の食べる物がなくなくなって、安全な水がないと人間は生きていけないのではないかと思った。それに、そもそも安全な水がないと人間は生きてしまうかもしれない。

終わりに
　私は、海のゴミについて探究して、どれだけ人間が自然をこわしてきたのかがすこし分かった気がした。また全ての国がプラスチックなどを使わないようにして、海のゴミをかいしゅうするように、できたら海のゴミたちはかんきょう問題ではなくなるのではないかと考えた。

（使った本・URL）
薄原幸一　環境はかい図かん　ポプラ社　二千十六年
富山和子　海は生きている　講談社　二千九年
プラスチックゴミ問題　そのおせんげんいんやたいさくは？今私たちにできること
https://world-note.com/plastic-pollution-problem/

図5　研究レポート

(5)「葛藤」という核となる概念の形成・拡張

　今回のユニットのセントラルアイデア「人類は葛藤を乗り越えて循環型社会の実現を目指す」において，「葛藤」という概念をどのように理解するのかというのは，一つの大きなポイントです。4年生の2学期という段階では，「葛藤」という言葉を聞いたことがない，もしくは意味が分からないという子どもたちがクラスの大半でした。ユニット冒頭でセントラルアイデアを紐解いたときには，葛藤について「難しいこと？」「あれこれ悩む」「自分との戦い」「大きな壁？」などという意見が挙がりました。もちろん，それを葛藤だと認識していなかった子たちも，自分個人の中での葛藤に関しては経験があります。「遊びたい vs. 宿題やらなきゃ」はその最たるものです。「自分との戦い」という意見が出たことで，そこで一気に概念形成が始まります。ただ，このセントラルアイデアにある「葛藤」には「自分との戦い」だけでは理解が及ばない部分もあります。そこへアプローチしていくために，映画の鑑賞や限られた資源の利用に関わる人々が抱える問題への調査活動が必要なのです。具体的な事例をもとに，事実を確認したり整理したりすることで，概念の拡張へとつながります。

概念の形成や拡張において，子どもたち自身がその変容を自覚することがとても大切です。欲を言えば，何がその変容を引き起こしたのかについてもメタ認知できるようになることを望んでいます。そのためには，定点観測が有効です。セントラルアイデアについて，自分の解釈を定期的に記録していきます。分からないなら分からないと書けばいいというのは，そのときの状況の記録だからです。どの時点で，分からないから〇〇ということかな？に移行したのか，それが後から見返せることが重要です。大きな活動の一区切りごとに，5分でいいので時間をとって，「今のあなたなら，このセントラルアイデアをどう説明する？」と聞いて，ノートに書いてもらうとよいでしょう。

⑹振り返り

　ＰＹＰの学びの中で，振り返りは非常に重要な位置を占めています。学び方を学ぶ過程でも振り返るタイミングが何度も訪れます。振り返るとはどういうことなのか，なぜ振り返りが重要なのかということを体験を通して，自分のものにしていきます。はじめの頃は，「楽しかった。」とか「面白かった。」という感想の域を出ないものが，徐々に，状況を把握し，それに対して自分がどのように感じているかを述べたり，自分の変容を客観的に見つめて，何によってそれが引き起こされたのかについて言及したりするようになります。表現は拙くても，振り返る際にどこに焦点をあてるべきなのかということが分かってくると，振り返りの質が一気に変わります。点ではなく，面で振り返るためには，記録をとっておくことが大切だということを子ども自身が実感すると，ノートやワークシートなどに書くことも変わってきます。また，振り返りは自己評価とも固く結びついています。ＰＹＰでは，自立した学習者の育成のために，適切な自己評価ができるようにすることにも力を入れています。

　今回のユニットの振り返りでは，Ａ3用紙に7つの設問を用意しました。前半ではセントラルアイデアや教科の枠をこえたテーマについての理解など，ユニットの中身に関することを聞いています。後半では，学習のプロセスやスキルについて，またこのユニットを通しての自分の成長について振り返りを促しました。特に，発表会は今までにない新しいスタイルへの挑戦だったので，その形式について子どもたちにも率直に意見を求めます。ユニット末の振り返りは，学習者本人のためのものであると同時に，探究の単元（ＵＯＩ）自体をより良くしていくためのフィードバックであることも子どもたちに繰り返し伝えます。これは，ＰＹＰが大切にしている「子どもたちも協働設計者の一員である」ということに他ならず，エージェンシーの醸成にもつながります。

　年度のはじめは，振り返りが2，3行しか書けない子が少なくありませんでした。こちらが望んでいる振り返りと実態が違う場合には，いくつかの理由が考えられます。1つは，単純に子どもたちが数週間も前のことをよく覚えていないということです。これに関しては，振り返りシートの記入をする前に，学級全体で主な活動を思い起こして板書しておくだけでかなり違

います。活動中に撮った写真を並べておくのもよいでしょう。もちろん，ノートやプリント類を見返すこともすすめます。次に考えられる理由として，一人では自分の考えを深めていけないことがあります。程度にもよりますが，多くの場合，矢印を使って文章をつなぐ方法を試すと随分とよくなります。まずは，その設問に対して，率直に思ったことを記す。その文に「→」を付け足して，さらに思ったことを書いていきます。この「→」には，「その理由は？」，「例えば？」，「さらに詳しく言うと？」などの意味があります。もちろん，はじめは誰かを例として，このやり取りを実際にやってみせると有効です。また，学習のプロセスに関する振り返りについては，ポイントとなる活動の際に簡単な記録を残すことを続けていくと，それらを客観的に見て，自分の変容に気づくきっかけとなります。いずれにせよ，質の高い振り返りを期待するのであれば，それに伴った手立てをこちらがきちんと準備したり，子どもたちが段階を踏んで経験していけるように設計したりすることがとても重要です。

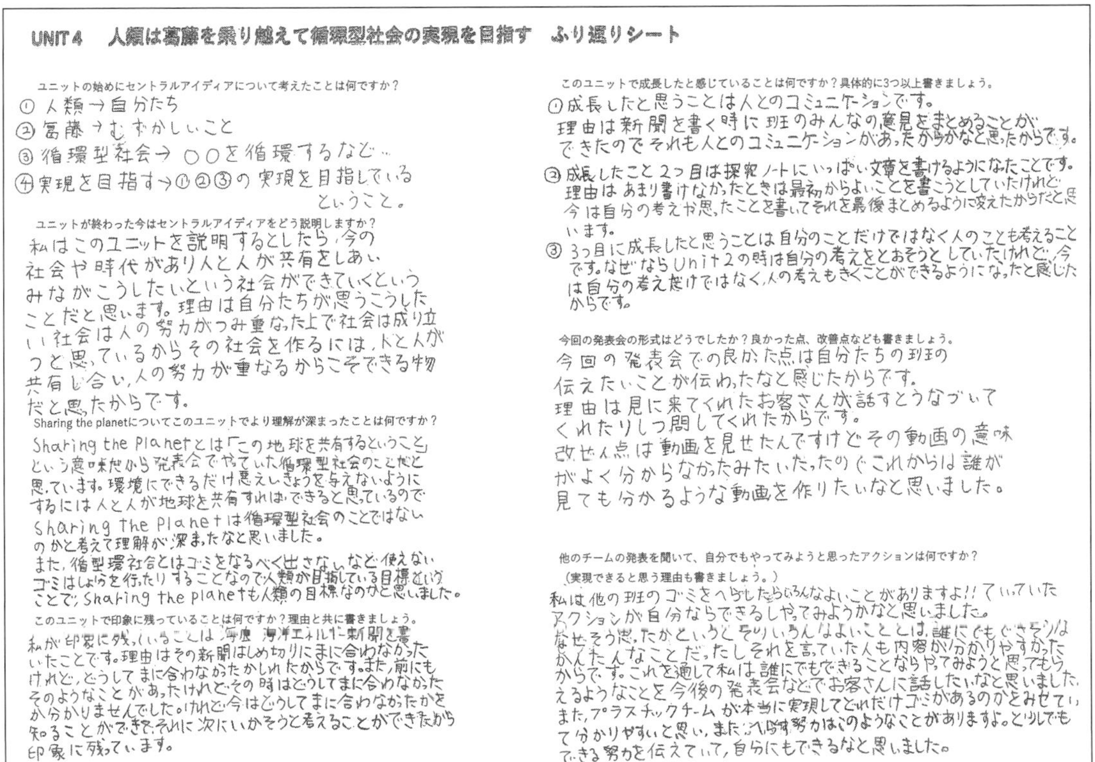

UNIT 4　人類は葛藤を乗り越えて循環型社会の実現を目指す　ふり返りシート

ユニットの始めにセントラルアイディアについて考えたことは何ですか？

①人類→自分たち
②葛藤→むずかしいこと
③循環型社会→○○を循環するなど…
④実現を目指す→①②③の実現を目指しているということ。

ユニットが終わった今はセントラルアイディアをどう説明しますか？

私はこのユニットを説明するとしたら，今の社会や時代があり人と人が共有をしあいみながこうしたいという社会ができていくということだと思います。理由は自分たちが思うこうした社会は人の努力がつみ重なった上で社会は成り立つと思っているからその社会を作るには，人と人が共有し合い，人の努力が重なるからこそできる物だと思ったからです。

Sharing the planetについてこのユニットでより理解が深まったことは何ですか？

Sharing the Planetとは「この地球を共有するということ」という意味だから発表会でやっていた循環型社会のことだと思っています。環境にできるだけ悪えいきょうを与えないようにするには人と人が地球を共有すればできると思っているのでSharing the Planetは循環型社会のことではないのかと考えて理解が深まったなと思いました。
また，循環型社会とはゴミをなるべく出さないなど使えないゴミはしょ分を行ったりすることなので人類が目指している目標ということでSharing the planetも人類の目標なのかと思いました。

このユニットで印象に残っていることは何ですか？理由と共に書きましょう。

私が印象に残っていることは海洋エネルギー新聞を書いたことです。理由はその新聞はしめ切りにまに合わなかったけれど，どうしてまに合わなかったかしれたからです。また，前にもそのようなことがあったけれどその時はどうしてまに合わなかったか分かりませんでした。けれど今はどうしてまに合わなかったかを知ることができてそれに次にいかそうと考えることができたから印象に残っています。

このユニットで成長したと感じていることは何ですか？具体的に3つ以上書きましょう。

①成長したと思うことは人とのコミュニケーションです。
理由は新聞を書く時に班のみんなの意見をまとめることができたのでそれも人とのコミュニケーションがあったからかなと思ったからです。
②成長したこと2つ目は探究ノートにいっぱい文章を書けるようになったことです。
理由はあまり書けなかったときは最初からよいことを書こうとしていたけれど今は自分の考えや思ったことを書いてそれを最後まとめるように変えたからだと思います。
③3つ目に成長したと思うことは自分のことだけではなく人のことも考えることです。なぜならUnit2の時は自分の考えをとおそうとしていたけれど，今は自分の考えだけではなく，人の考えもきくことができるようになったと感じたからです。

今回の発表会の形式はどうでしたか？良かった点、改善点なども書きましょう。

今回の発表会での良かた点は自分たちの班の伝えたいことが伝わったなと感じたからです。
理由は見に来てくれたお客さんが話すとうなづいてくれたりしつ問してくれたからです。
改ぜん点は動画を見せたんですけどその動画の意味がよく分からなかったみたいだったのでこれからは誰が見ても分かるような動画を作りたいなと思いました。

他のチームの発表を聞いて、自分でもやってみようと思ったアクションは何ですか？
（実現できると思う理由も書きましょう。）

私は他の班のゴミをへらしたらいろんなよいことがありますよ!!ていっていたアクションが自分ならできるしやってみようかなと思いました。
なぜそう思ったかというとそのいろんなよいこととは誰にでもできそうなかんたんなことだったしそれを言っていた人も内容が分かりやすかったからです。これを通して私は誰にでもできることならやってみようと思ってもらえるようなことを今後の発表会などでお客さんに話したいなと思いました。
また，プラスチックチームが本当に実現してどれだけゴミがあるのかをみせていて分かりやすいと思い，またへらす努力はこのようなことがありますよ。と少しでもできる努力を伝えていて，自分にもできるなと思いました。

図6　振り返りシート

コラム③　児童との協働

　近年の授業デザインでは，「主体的な学び」が求められています。この「主体」とは，学習者である児童を指します。ＩＢの基本理念にも「学習者中心主義」が掲げられています。教師が教壇の上で主役となり，チョーク＆トークで教壇の上から知識を解説するという授業では，児童にとって効果的な学びにならないということは周知されてきました。児童が主役となり，自らの興味関心から探究することで，深い学びが得られるのです。

　では，児童が主役だからと言って，教師は後に控えているだけでよいのでしょうか。例えば，エネルギーについての授業だからと言って，図書館に連れて行って自由に調べ学習しましょうと，見守るだけでよいのでしょうか。そうではありません。自転車の乗り方と同じです。はじめは自転車の仕組みとともに乗り方を教えて，後ろから支えながら漕ぎ方を確認する。次に，補助輪を付けて走ってみる。慣れてきたら，補助輪を外して自由に走ってみる。教師もそんなふうに学びを支え，促しながら，児童が自立した学習者となるよう育てていくのです。

　最初のうちは，道しるべを掲げながら，教師が探究活動をリードしていきます。いくつかの探究の単元（ＵＯＩ）でセントラルアイデアが腑に落ちる体験を経てくると，ＡＴＬスキルや概念を通して学ぶことの意義を児童が理解します。次第に，探究の単元（ＵＯＩ）の要素が分かってくると自分たちでいろいろな活動のアイデアを出してくるようになるでしょう。ただし，このとき，なんでもかんでも取り入れていくと突拍子もない方向に迷走してしまいます。常に，セントラルアイデアを意識して，自分たちに必要な活動を考えるように促しましょう。探究の単元（ＵＯＩ）を児童が教師と協働でデザインできるようになるには，ある程度の経験値が必要です。例えば，３年生の見えない力を探究する単元では，風やゴム，太陽光，電気などの探究を行いました。虫眼鏡で太陽光を集めると発火する実験をしていると，児童の方からこの火を使って焼き芋を作ろうというアイデアが出されました。すると，焼き芋にふさわしい芋の種類は何か，美味しい焼き芋の作り方とは何かと，次々と探究活動が動き出しました。児童が自主的に活動し，自分たちの発想で実りのある成果が得られたとき，大きな達成感を得ることができていました。このときの学びは深く想い出に刻まれて，その年の想い出に残る学習活動の１位に挙げられていました。

　このように，自分たちの発想から成果が変わっていくことを実感できると自己効力感がわいてきます。自己効力感を強くもてる児童が増えていくと，児童が主役となれる協働学習が実現していきます。これは，どの学年段階からできるか決まっているものではありません。クラスの様子を見極めていけば，低学年からでも可能です。教師は最終学年のエキシビションまでに，どのような力をつけたいのか，どう育ってほしいのかを考えて，協働設計の体験を積み重ねていくのです。そうしてこそ，児童が自ら見出したテーマで探究学習の成果を発表できるようになるのです。

第4章
探究学習とは

アオイ先生，探究の単元（UOI）のイメージは
なんとなくつかめてきましたか？

リサコ先生

アオイ先生

どんなふうに設計するのかということや，
子どもたちと学習を展開していくときの
ポイントは分かってきたのですが…。
でも，そもそも探究って何なのでしょう？

なるほど，「探究とは何か？」とは，とても重要な問いですね。
では，PYPにおける探究について詳しく説明しましょう。

リサコ先生

1 PYPにおける探究

探究は目的が明確で現実に根ざした学習活動

　近年，学習の方法で「探究」が求められるようになり，しばらく経ちましたが，そもそも「探究」にはいくつもの種類があります。探究についてのディスカッションで話が噛み合わないことがあるのは，ここの切り分けがきちんとできていないからです。今の日本での探究を取り巻く現状では，「探究」という1つのラベルの中にいくつもの異なるアイデアが混在しているように思えます。

　本書の目的は，PYPでの学びの魅力をみなさんに紹介することです。ここでいう「探究」とは，PYPにおける「探究」を指しています。ここで，「探究」とは，教科や領域ではなく学習のアプローチであるということを確認しておきましょう。前章で詳しくお話しした「探究の単元（UOI）」は，教科，または，領域として捉えられますが，これと，「探究」はイコールではありません。「探究の単元（UOI）」とは，「探究」という学習アプローチを使って学習する時間と理解してください。

　PYPでの探究学習を理解する上で，この2つを混同しないことがとても大切です。「探究」は学習のアプローチですから，特定の知識や学習事項などは定められておらず，どのように学ぶのかという点に，「探究」なのか，そうでないのかの境界線があると言えます。つまり，前章で述べた探究の単元（UOI）のように，複数の教科を組み合わせることもできれば，単独の教科の中で探究学習を行うこともできます。さらに言えば，授業以外の活動でも「探究」を組み立てることは十分に可能です。

　IBプログラムは，「教育とは，人々がさまざまな方法で協力し合いながら意味を構築し，世界を理解することの素晴らしさをたたえるものである」という信念に基づいています[1]。この考えをベースに，PYPでは「探究」を学びの根幹を支える教育的アプローチと位置づけています。

　「探究」とは，好奇心を刺激し，生涯にわたって自ら学び続けるための情熱を育てるものです。子どもたちが情熱をもって自分の学習に積極的に関わるという点で，平成29年度版学習指導要領が掲げる「主体的な学び」と同じと言えるでしょう。「探究」の基本は，目的が明確であり，現実に根ざした学習活動であることです。

1　IBO（2024）『学習と指導』　p.52

教師による導きと学習者自身の責任

　「探究」学習は，子どもたちが自分の好きなことを好きなように学んでいるというものでも，子どもたちに任せっきりにして教師は見守っていればよいというものでもありません。

　ＰＹＰでは，教師による「導きを伴う探究」をベースとしています。この「導きを伴う探究」とは，「児童の認知的な処理をスキャフォールディングで支え，徐々に学びながら，より複雑な理解を構築できるように」することを目指すものです[2]。「探究」の学習のねらいや到達目標は予め設定されていますが，そこに到達するための道筋は一つだけではありません。教師はいくつかの道筋をある程度設計し，子どもたちの理解を助けるための手立てとして準備しておきます。子どもたちはそれらの道筋を選んで自分の学びを組み立てます。このプロセスを通して，子どもたちは学び方を学び，自立した学習者へと成長していくのです。

　そして，ＰＹＰでは，さらに一歩進めて，子どもたちに自分の学習に責任を負うことも求めます。教師はできる限り個別のニーズに合わせて探究の道筋をサポートしますが，どの道筋を選ぶかの責任は自分にあると子どもたちに自覚を促します。「探究」では，自分の頭で考え，疑問をもつことが求められます。また，自分で考え，行動につなげ，振り返りをします。すべての子どもが同じように学習を進め，同じように仕上げるということはありえません。子どもたちはそれぞれ生育環境も知識も経験も学習に取り組む姿勢も異なります。教師のサポートは，クラスの全員を同じように「できるようにする」ことと同意ではありません。自分の学びなのですから，その責任は自分にあると子どもたちが自覚することが非常に大切なポイントです。

　例えば，学習発表会のような場で，発表内容や発表技術にはっきりとした差が出ることもあるでしょう。しかし，それも一つの個に応じた学びの成果なのです。うまくできた子もうまくできなかった子も，それぞれに改善点を見つけ，次の学びにつなげていけばよいのです。ただし，それは，子どもたちに任せっきりにしてよいということではありません。個別最適なサポートをしていくのです。

　真正な探究学習を行えばこそ，個に応じて成果に差が出てくることは当たり前であり，そこには学習者の責任が伴うのです。この共通認識は教師間でも子どもたちや保護者にも折に触れて伝えていくことが大切です。

2　1同掲書　p.53

2 探究する児童の姿

探究のプロセスに含まれる活動

　探究とは，子どもたちの興味を中心に据え，自分と周囲の世界を真に見つめ，理解し，探り，自分とのつながりを感じるための方法です。ＰＹＰでは，探究のプロセスに含まれる活動を次のように挙げています[3]。

●これまでの学習と現在の学習の間のつながりを見つける	〈探究のサイクル〉
●探る，思案する，問いをもつ	A）Tuning In：問い
●リサーチし，情報を探す	B）Finding Out：調査
●データを集め，わかったことを報告する	C）Sorting Out：
●既存のアイデアを明確化し，事象の認識を再評価する	報告・共有，整理
●予測を立て，意図的に行動して，何が起こるかを見てみる	D）Going Further：
●実験する，可能性を検討する	新たな調査，仮説検証
●自分の意見や立場を明らかにし，その正当性を論じる	E）Making Conclusions：
●概念を応用して，概念的理解を深める	結論，解決策提示
●理論を構築し，検証する	F）Taking Action：行動
●さまざまな方法で問題を解決する	

　これらは，前章で紹介した探究のサイクルと重なっていることが分かるでしょう。これらの活動の中からいくつか抜粋して，探究する児童の姿について，具体的にご紹介しましょう。

●これまでの学習と現在の学習の間のつながりを見つける

　自分が知っていることや経験したことと，新たに触れたことのつながりを見つけることは，探究をする中で子どもたちが身につけるべき一番重要なスキルです。与えられたテーマと自分の興味関心とのつながりが見つかったとき，主体的な学びが成立します。「この間の学習と似ていることはあるかな？」「それはどんな関係があると思う？」と気づきを促し，全体で共有していきます。

●予測を立て，意図的に行動して，何が起こるかを見てみる

　はじめに問いを立て，書籍やインターネットなどで情報を探し，データを集め，分かったことを報告するところまでは，ただの調べ学習です。調べて分かったアイデアを整理して，自分なりに考えて仮説を立てるところからが，本当の探究の始まりです。「事象の認識を再評価する」のです。自分の仮説に対する予測を立て，実験や観察などの行動を通して，検証していき

3　1同掲書　pp.52-53

ます。

　ある単元では，漢字学習方法の探究で，各自の経験から，視覚，聴覚，運動感覚のどれが効果的か，予測を立てました。漢字の小テストごとに考えた方法を順番に試し，結果を記録しました。そして，最も自分に合っている方法で漢字の大テストに挑みました。「仮説→実験→振り返り→再実験→結論」の一連の流れの体験が，児童にとっての大きな成果となりました。

●自分の意見や立場を明らかにし，その正当性を論じる

　ＩＢは多様性を重視しています。いろいろな視点から物事を考え，自分とは違う立場を理解することは重要です。しかし，それは「何でもアリ」ということではありません。他者の意見に耳を傾けつつも，検証を通して得られた自分の考えを相手に分かるように語ることが必要です。事実と意見を区別して落ち着いて話す力の育成は，国語科でも育みます。論理的に考える習慣から，「理論を構築し，検証」できるようになっていきます。

●概念を応用して，概念的理解を深める

　ＰＹＰの探究では，概念について自ら理解をつくり出し，その理解を新たな文脈に転移できることを目指しています。「質へのこだわりは社会を豊かにする」というセントラルアイデアの単元で，ある児童は，家族は単位として小さ過ぎるので社会には含まれないと考えました。しかし，あるゲストティーチャーの話から，家族も社会に含まれると概念を拡張し，それなら，小学生である自分も社会を豊かにすることができると考えるようになりました。この児童は，社会という概念をアップデートし，セントラルアイデアに対する概念的理解を深めたのです。このとき，考え方の変化を振り返ることも必要です。学習者が自己との対話を繰り返すことで，自分の変容に自覚的になり，さらに学びを促進することができるのです。

●さまざまな方法で問題を解決する

　子どもたちは「クラスメイトとの意見交換が一番楽しい。」と言います。学級の中のいろいろな意見に触れ，多面的に物事を見ることで，自分の世界が広がることに喜びを見出しているのです。「美の追究は新たな世界を構築する」というセントラルアイデアの単元で，自分や他の人々が何に美を感じるのかについて調査しました。美の捉え方の多様性を知り，今まで目にしていたものを違う視点で見ることができたり，新しい風景として捉えられたりするようになりました。ものの見方が変わるということを実感した体験はとても深い学びとなりました。

　このように，正解が一つに絞れない問いや葛藤が生じるような活動，一見どこから手をつけていいのか分からないような課題にも，子どもたちは「分からないからこそ面白い」と自分自身を奮い立たせていきます。探究を通して，自己を知り，粘り強さを発揮できるようになります。さらには，「自分なりの理解」を導き出すことで自信もつきます。

3 探究する児童をサポートする教師の役割

支援者としての教師

　ＰＹＰでは，学習者自身が知識を自分にとって意味のあるものであると感じながら，エージェンシーを発揮し，主体的・意欲的に学ぶことを重視しています。そして，概念的理解が個人体験に結びつき，次の行動につながったときにこそ，本当の学びになるのです。このような探究学習における教師の役割は「支援者になる」ことです。支援と言っても，子どもに任せっぱなしにするということではありません。意図的なしかけや，ときには直接的指導も必要でしょう。そのような教師の役割を大きく３つにまとめました。

(1)教師も児童と同じ探究者たれ！

・教師自身が探究者であり続ける

　教育のプロとして，実践のより良い発展を目指して，授業設計の振り返りを欠かさずに行っていきましょう。探究という指導アプローチに対する理解や子どもたちの学習プロセスに関する理解を常にアップデートすることが，さらに豊かな学びの展開につながります。教師として常にスキルアップをし続ける生涯学習者を目指していきましょう。

・児童を能力のある「探究する人」として尊重する

　探究学習では，小学生が教師の知識や理解を遥かに超える世界をもっていたり，予想以上に柔軟なものの見方をしていたり，短期間でびっくりするような成長を遂げたり，驚かされることがたくさんあります。児童を一人の探究者として尊重して，対峙することが大切です。ですから，教師の言葉をすべて鵜呑みにしないように，「先生の意見」ではなく，「私個人の意見」であることを強調し，正当な批判は歓迎する風潮をつくっていきましょう。もちろん，「教師」としての指導や決定が必要な場面もあります。そのときには，理由をきちんと説明し，児童が状況を理解して納得できるように努めましょう。

(2)児童が主体的に動き出すきっかけづくり

・答えのない質問や問題を提示して学習を広げる

　答えが一つだけではない問いを投げかけると，児童は先生の頭の中にある正答を探ろうとしがちです。そうなると，間違いを恐れて，誰も発言しなくなってしまいます。探究学習では，その誤解を解きほぐすことが，はじめの一歩です。教師の発問を，「○○とは何ですか？」から，「○○は何だとあなたは思う？」と変えてみましょう。すぐに発言を求めずに，自分の考えをまとめて書き記す時間を確保し，時間の許す限り，多くの子の意見を聞く機会をとりまし

ょう。いろんな考え方があってよいのだという気づきの積み重ねが，少しずつ児童の心のリミッターを外していくのです。自分らしく考えを表現できるようになったとき，児童の意見から探究学習が広がっていきます。

・既存の知識を活用して，新しい学習の出発点とする

　児童の既有の知識は探究の学びの鍵となるのですが，もっている知識には個人差があるものです。ですから，学習集団の中央値がどのあたりにあるのかを適切に想定することが重要です。児童のもつ知識や経験，その特徴をふまえて，次の学びへと新たな発見を積み上げる方法をデザインしていくのです。

(3)児童の探究学習のサポート

・しかけやツールを使って，思考とメタ認知（思考についての思考）をサポートする

　どんな人でもはじめから「自立した学習者」ではありません。教師が提示したいろいろな手立てを体験し，振り返りながら，自分に合った学び方を選択できるようになります。自分の思考を客観的に分析する手法として，ハーバード教育大学院プロジェクト・ゼロが提唱する「思考ルーティン」や「フレイヤーモデル」や，実際に教室内を移動しながら思考をサポートする「4つのコーナー」や「ラインナップ」がおすすめです。また，探究学習のリフレクションの記録は思考のメタ認知を育みます。自分の思考について客観的に捉えて，それを分析するということは簡単ではないからこそ，適切なサポートの有無が大きな影響を及ぼします。まずは，そのプロセスに慣れるということも含めて，定期的に振り返りの機会を設けることが欠かせません。きちんと記録を残しておかないと，考えたことや思ったことは消えていってしまいます。材料がない中で，振り返りを促されても困ってしまい，「振り返りは面倒くさい」とか，「難しい」といったマイナスの印象になってしまいます。教師が，予めどの程度振り返りを焦点化できているのかということも鍵となります。それによって，必要な材料も違い，振り返りの問いも変わってきます。だからこそ，教師の意図的な関わりと準備が大きくものを言うのです。

・学習者が疑問をもち，調べ，理論を構築して修正し，リサーチや学習の振り返りをするための時間を設ける

　探究サイクルを子どもたち自身が自分で回していけるようになるには，時間の確保が必要です。まずは，探究に耐え得る疑問を精査し，調査する時間が必要です。調査活動は書籍やインターネットといった二次情報だけではなく，一次情報にあたる機会を設定しましょう。調査結果を整理し，比較し，関連を見つけ，自分なりの仮説を構築していきます。この段階での仮説は修正する機会があることも確認しておきます。自分の仮説を検証するために調査するプロセスで振り返りを適宜行います。限られた時間割の中で調整は難しいものですが，こうして，子どもたちが試行錯誤をしながら学びを発展させる探究サイクルを確保できる工夫をしましょう。

4 シングルサブジェクトでの探究

それぞれの教科学習でも取り組む探究

探究学習というと教科を融合させた「探究の単元（ＵＯＩ）」だけでやるものと思っていませんか。それは違います。「探究」とは，そもそも教科や領域ではなく「学習のアプローチ」の仕方を示すものです。どのように学ぶのかという点に，「探究」か否かの境界線があるのです。「探究の単元（ＵＯＩ）」とは，一つの「教科」と捉えられる〈「探究」という学習アプローチを使って学習する時間〉なのです。ＰＹＰでは，「探究の単元（ＵＯＩ）」だけではなく，シングルサブジェクト（単独の教科）の授業でも，探究のアプローチを使います。

ＰＹＰでは，探究のアプローチと概念を通して学ぶことを大切にしているという点では，シングルサブジェクトも探究の単元（ＵＯＩ）も同じです。ただ，単独の教科では教科書の内容に沿った授業が主となるため，ダイナミックな単元展開が難しかったり，何十時間もかけて行う探究の単元（ＵＯＩ）とは違って，単元設計にそこまで時間を割けなかったりします。しかし，前節で紹介した探究を支える教師の役割はどちらも同じです。シングルサブジェクトで探究を実践していく上でも重要なポイントなので，「教師の役割」の三項目を確認しておきましょう。

(1)探究のプロセスに対してオープンな姿勢を保ち，概念的理解を使用して持続的な探究の基本とする

(2)教材，見学，学習活動を，探究の刺激材料として検討する

(3)クラス全体での学習体験の時間を用いて，有意義な指導，協働，振り返りを行う

国語科における探究学習事例

では，国語科での探究学習のあり方について簡単に単元の流れを紹介します。日本の教科書では定番教材の小学４年生の「ごんぎつね」を扱います。ここで示す探究のアプローチは，どの文学作品にも応用できるものです。

①初発の感想を書く際に，学級全体で検討したい問いも３つ書く。

②「ごんきつね」の登場人物や場面設定など，物語の基本事項を学級全体で確認する。

③３つの検討したい問いの中から１つを厳選し，学級全体に共有する。（教師に提出も可）

④全員分の検討したい問いの一覧から，自分が参加したい問いを２，３つ選びグループを編成する。

⑤グループごとに話し合い，経過報告を学級全体にする。

⑥⑤を2回，または3回繰り返す。

　※児童は自分が検討したいと選んだ問いすべてに参加することができる。

⑦ここまでの話し合い活動を振り返って，どの問いがより本質的な問いかを検討し，その問いに対して，その時点での自分の考えをノートにまとめる。

⑧生活班などランダムなグループで自分の考えを共有し，全体でも何人か取り上げ，「ごんぎつね」の学習のまとめとする。

⑨「ごんぎつね」の学習の流れに対する振り返りをし，文学作品を読むことについての概念的理解を書き記す。時間に応じて選んだ方法で，共有をする。

　ここで示した丸数字は単元の流れの順番で，1つの項目が一単位時間ではありません。きっと，「え？これなら私も似たようなことやっている！！」と思われた方も多いのではないでしょうか。単元の展開としては，何か特別なことを大々的にやっているわけではありません。ただ，いくつか設計のポイントがあるので，「教師の役割」の三項目に照らし説明していきます。

⑴探究のプロセスに対してオープンな姿勢を保ち，概念的理解を使用して持続的な探究の基本とする

　まず，①の問いをもつ活動と，⑤⑥の調査活動がこの項目に該当します。①の話し合いをしているときに，子どもたちは，教科書の文章に何度も何度もあたり，叙述を丁寧に確認します。何が事実で，どこまでが想像できる範囲で，どこからが妄想なのかについて意見を交わす姿がよく見られます。⑤⑥では，他の人の意見を聞くことも調査活動の一環です。⑦の振り返りは探究のプロセスに欠かせないものです。この活動のすべての場面で必然的に行われることなので，そこをいかに意図的に，そして子どもたちが自覚できる形で展開できるかがポイントです。

　また，⑦や⑧のまとめはあくまでも，「ごんぎつね」という個別の作品についてのまとめなので，概念的理解とは言えません。⑨の概念的理解を書き出す振り返りが，読むことについて自分で理解をつくり出す活動です。この理解が，他の新しい作品を読んだときに活用できる転移可能な概念的理解なのです。この違いをおさえておいてください。

　この一連の活動を通して，子どもたちは本質的な問いについても理解をつくっていくことができるようになります。しかし，この一回だけで，誰もができるようになるわけではありません。このような学習活動を繰り返すことで，①や③で出てくる問いの質は驚くほど変わります。選んだ問いが今ひとつだと，⑤⑥での話し合いが盛り上がらないという「失敗」経験が，より良い問いを考えることの重要性を気づかせるのでしょう。実際に⑦で選ばれた本質的な問いは，こちらの操作が全くなくても，往々にして指導書の問いと同じか非常に近いものになります。

⑵教材，見学，学習活動を，探究の刺激材料として検討する

　今回は，この「ごんぎつね」という刺激教材を取り上げました。これは，作品に力があり，

これまでに様々な教材研究がなされてきたからこそできることです。教科書には，このような練りに練られた教材がたくさんあります。だからこそ，子どもたちは終了の合図が来ても話し合いを続けたがったり，より多くの人と意見交換をしたがったりします。ただし，あくまでも「刺激材料」です。そこからどのような刺激を受けて，探究を広げていくのかというところは，できるだけ子どもたちの主導に任せたいので，③の問いを厳選する活動や④の参加したい問いを選ぶ活動を行います。

　この活動が，「探究」か否かの境界線の分岐点なのかもしれません。どんな問いが出てくるのか，その問いで十分なのかと心配になる方もいらっしゃることでしょう。そういう場合には，③や④の段階で，選ぶポイントをきちんと確認しておくとよいでしょう。「その検討したいことで，30分話し続けられるかな？　教科書を読み直したら，すぐに答えが見つかってしまわないかな？」と，問いかけるのです。また，自力ではまだ本質的な問いを出せない子もいるので，④では自分の問いを選ばなくてもよいのだという共通理解を図ることや，問いの一覧表には誰が出した問いなのかが分からないようにしておく配慮も大事です。

(3)クラス全体での学習体験の時間を用いて，有意義な指導，協働，振り返りを行う

　ここで言う，「有意義な指導」には「直接的指導」も含まれています。探究イコール教えてはいけないという誤解をしている方はまだまだ少なくありません。探究において，「直接的指導」も必要なサポートです。子どもの主体性に頼っていては見逃されてしまうことや，子どもの経験ではそこに行きつかないというようなときこそ，「直接的指導」の出番です。探究のプロセスの中で的確なタイミングで「直接的指導」を行えば，その指導によって児童がより自立的に学んでいくためのドライブとなり，有効性を発揮するのです。これは，「教えなきゃいけないことだから，念のためやっておこう」とは全く違います。ここに大きな違いがあります。

　②で物語の基本事項を確認することは，この一例です。普段，本を読むときには，わざわざ登場人物や場面設定の整理をしないでしょう。しかし，この土台が揃っていることで，子どもたちの話し合い活動はより一層充実します。この土台を確認している中で，自分が①で出した問いは，話し合うほどのものではなかったと気づくこともあります。また，話し合い方のポイントの説明や，経過報告はクラス全体の時間で行います。それらは，次の活動の糧となります。

第5章
概念に基づく学習

アオイ先生

探究の学びで深い理解を促すためには概念的理解が必要と言われていますが、「概念」って何なのでしょう？

では、そろそろ私の出番ですね。
私もPYPを始めた頃はそうでした。難しいですよね。
でも、子どもたちの学ぶ姿に教えられて、
分かるようになりました。
私のクラスの子どもたちの作品を見せながら、
説明していきますよ。

リサコ先生

1 概念を通して学ぶことの意味

教科の枠をこえた学習

　概念型学習と言われても，「何のこと？」とピンとこない方もいらっしゃるかもしれません。図1を見てください。これは，私たちの理想とする教科の枠をこえた学習を経験した児童の記述です。

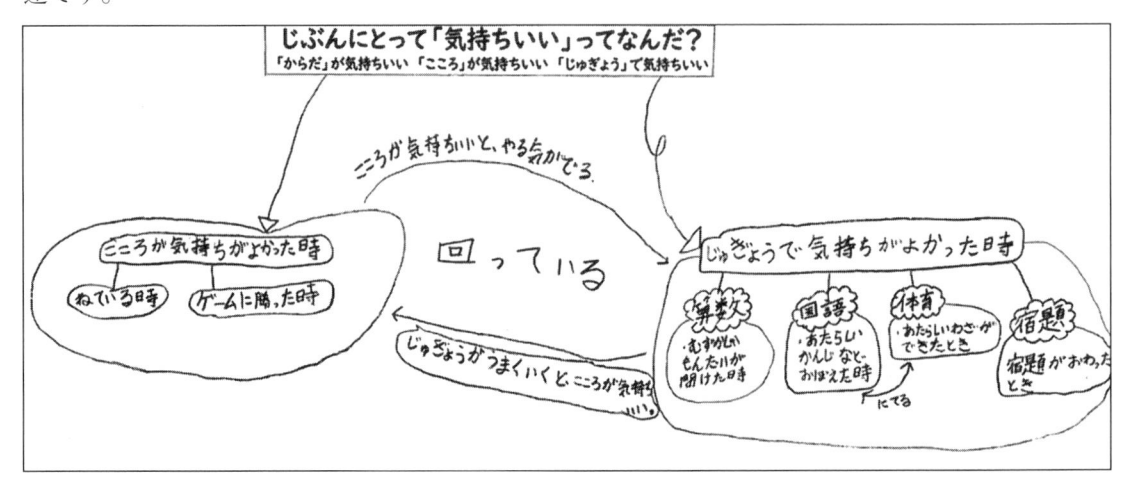

図1　小学4年生の児童の記述

　みなさんの中には，「これって，前に学習をしたことなんだけど，他の教科と児童の学習がつながっていないな」と違和感をもったことはありませんか？　例えば，社会で浄水場，理科で流れる水のはたらきを学習したのに，総合的な学習の時間で取り扱うと，なぜかつながっていない。国語や算数など，その教科だけの学びになってしまっていて広がらないというようなことです。図1を見てみると，この児童は，概念型学習を通して，自分にとって気持ちいいということを見つけるために，算数や国語と自分の生活で感じたことを関連づけています。そして，「こころが気持ちいいと，やる気がでる」と捉えています。図1で示した児童の姿は，ほんの一例ですが，概念型学習を通して，児童は様々な問題と出合い，主体的に協働的に問題を解決していこうとする姿が見られるようになります。

なぜ「教科の枠をこえた学習」が重要なのか？

　教科の枠をこえた学習のイメージはつかめていただけたかと思います。では，なぜ，教科の枠をこえた学習が重要なのでしょうか。そこで，児童に「教科をこえて考えると，どんないい

ことがあるの？」と聞いてみました。すると，児童はこのようなコメントをくれました。

　Aさん

> 何か一つ分からないことがあってもつなげているから，何か必ず分かる。
> 授業だけでは気づけなかったことがより深く考えることができる。

　Bさん

> 他の教科とつなげると，学んだことを生かせたり，すべての学習の大切なことが知れたり，授業だけでは分からなかったことが知れたり，「あ！この前こんなことをやるとうまくいくと知れたから…今回もそうすれば…」など振り返ることができる。つなげる力がつけば，算数とか，$2 \times 10 = 20$ で $20 \times 10 = 200$ だから，0が増えていくのが共通点で，つまり $200 \times 10 = 2000$ になるなど，いろいろなところで便利。

　どうでしょうか。私は長年算数を実践してきましたが，Bさんのような意見を算数の授業で聞くことはこれまでにありませんでした。算数では，「にている」「きまり」「もどる」などのキーワードをもとに，問題解決の思考を身につけさせることにも取り組んでいる教科書もありました。Bさんの「$2 \times 10 = 20$ で $20 \times 10 = 200$ だから，0が増えていくのが共通点で，つまり $200 \times 10 = 2000$ になる」はまさに，問題解決の思考を身につけていると言えます。この点は，教科の枠をこえた学習がある教科によい影響を与えているという見方もできます。

　しかし，それだけではありません。「何か一つ分からないことがあってもつなげているから，何か必ず分かる。」「あ！この前こんなことをやるとうまくいくと知れたから…今回もそうすれば…」のコメントにあるように，児童自身が問題を解決するために，これまで学習してきたことにつながりを見つけています。このような学習をすることによって，児童はより深い思考をするようになり，学びを転移させようとする姿が見られるようになります。図2の児童のポスターもまさに，学びを転移させた姿と言えるでしょう。

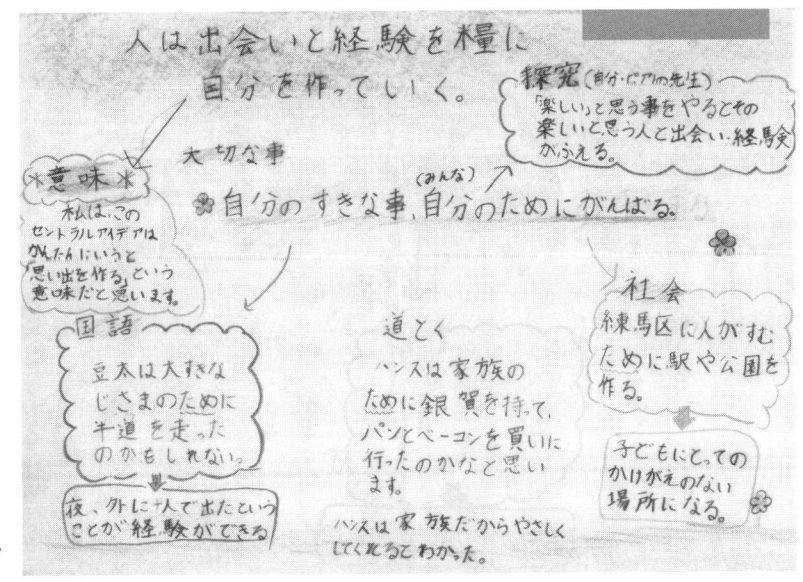

図2　児童のポスター

② PYPにおける概念

事象を関連づけて本質を理解する概念

　概念という言葉を『広辞苑』で調べると、「事物の本質をとらえる思考の形式，大まかで一般的な意味内容」と書かれています。誰もが頭に思い浮かべる抽象的なことのようですが，PYPの概念型学習で使われる「概念」は少し異なるもののようです。

　では，PYPでは概念とはどのように捉えているのでしょう。PYPでは，「概念とは組成力のあるアイデアであり，影響力が大きく，幅広く，抽象的であるという性質をもつ。教科の枠をこえたものもあれば，教科特有のものもある。」と定義しています[1]。この説明だけでは，PYPの概念はまだまだ分かりづらいことでしょう。私も同じでした。

　ここでは，まず児童の具体的な姿からPYPの捉えている「概念」について考えていきましょう。図3は児童Mさんが「平和」という概念をまさに捉えている様子を示しているノートです。Mさんは，「平和な世界は，多様な正義を認め合うことで発展する」というセントラルアイデアを掲げた探究の単元（UOI）で紛争について調べていました。そのまとめとして「平和」とは何かを考えていたときのマッピングです。Mさんは「平和」なときに守られているものとして「自由，平等，公平，人権」を関連づけ，それは戦争がないときに実現するものと考えています。ここまでなら，従来の社会科の授業で「戦争と平和」を学んだときにも出てくるでしょう。しかし，Mさんは「心が安定」「おだやかな雰囲気」から「家」や「家族」や，「豊か」から「自然」まで関連づけています。これは，Mさんが「平和」について，戦争がないといった一つの見方だけではなく，「家庭」や「自然」まで，いろいろなものを「平和」という概念レンズを用いて，本質をつかもうとしているのです。

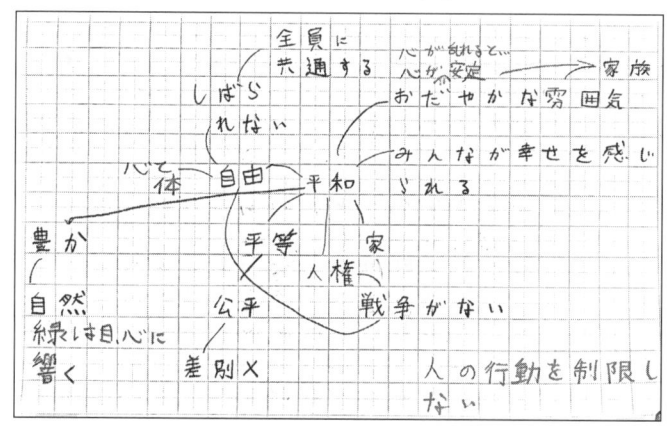

図3　児童Mのノート

1　IBO（2020）『学習コミュニティー』　p.78

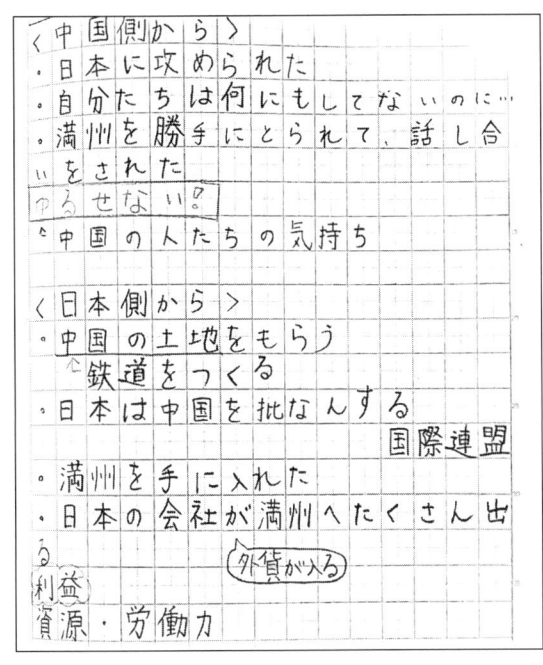

図4　児童Tのノート

次に，図4の児童Tさんのノートです。Tさんは，満州事変について調べていました。Tさんは，中国側の「日本に攻められた」「自分たちは何にもしてないのに…」「満州を勝手にとられて，話し合いをされた」「ゆるせない！」と中国の人たちの気持ちを書いています。Tさんにインタビューすると，「ここに書いたのは，満州事変のときに中国の人が抵抗したときの正義です。」と答えてくれました。また，日本側の「中国の土地をもらう」「利益」といった記述について，Tさんは「これは，日本が満州事変を起こしたときに，こういったものを正義として考えていたのだと思います。」と答えていました。

　また，児童Yさんは，別の単元で考えた幸福度についての内容を「平和」を考える手立てにしていました。Yさんは「最初，平和という言葉を聞いてすぐに，幸福度の話と関連させようと思っていました。」と話してくれました。Yさんは「平和」を幸福度という側面から明らかにしようとする意図が分かりました（図5）。

　このように，ＰＹＰでは「平和」という概念一つをとっても，戦争がないといった具体的な事象を断片的に記憶したり，教科の中の考えにとどまったりするものではありません。「平和」という概念について関連する事象を結びつけ，物事の本質を考え，理解していくのです。

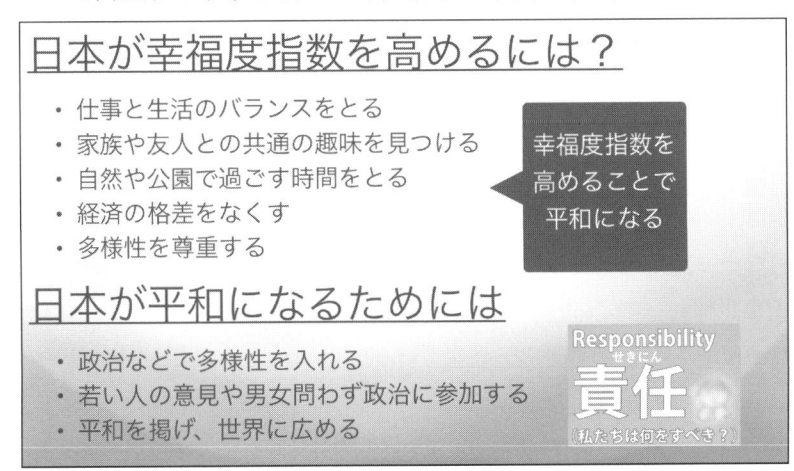

図5　児童Yの発表

3 セントラルアイデア

セントラルアイデアとは？

　IBでは，セントラルアイデアとは，概念的理解を記述したもので，探究を促し，教科の枠をこえたテーマの振り返りを導くものです。

　ここで，3年生の姿をもとに考えてみましょう。ユニットのテーマは「私たちはどのように自分を表現するのか」で，セントラルアイデアは「わたしたちは楽しみながら表現し続ける」です。

　この単元では，Aさんはルービックキューブの揃え方を発表しました。しかし，聞き手の反応は芳しくなく，「揃え方が分からない。」と言われてしまいました。そこで，Aさんはどうしてそうなったのかを考え，みんながルービックキューブの揃え方を知りたいと思っているわけではないことに気づきました。そして，揃え方の説明は見ている人にあっという間に揃える姿を見せた方がいいのではないかと考えを改めました。また，Aさんは，自分がルービックキューブをやり始めたきっかけを思い出しました。テレビでルービックキューブを素早く揃えている様子を見て驚き，「ルービックキューブって楽しいな」と興味をもったのでした。そこで，Aさんはルービックキューブをあっという間に揃える動画を作成し，見ている人を楽しませる方法を思いつきました。

　この単元において，セントラルアイデアはどのような働きをしているのでしょうか？　Aさんはセントラルアイデアの文言の意味を自分なりに解釈しながら，過去の自分の経験と今回の発表の経験をつなげていました。セントラルアイデアの「楽しみながら表現し続ける」ということについて概念的理解を深めていることが分かります。セントラルアイデアは，Aさんにとって学習の核となり，自らの理解を構築するプロセスを導く役割を果たしたと言えるでしょう。

　なお，セントラルアイデアは，その奥に広い普遍的な概念を含んでいます。また，セントラルアイデアは，抽象度が高く，どの児童も自分の興味や関心に結びつけることができるものであることが重要です。そのため，より抽象的であること，特定の地域や文化に限定されないことなど，普遍的なテーマや概念が選ばれることが多いです。こうすることで，異なる素材で探究している児童も共感し，関心をもって学びに取り組むことができます。児童にとって，深い問いかけや考察の機会となるのです。

セントラルアイデアとエリクソンの「知識の構造」

　ここまで，概念やセントラルアイデアについて説明してきましたが，これらはエリクソンの

「概念型カリキュラム」の理論がベースとなっています[2]。エリクソンは「知識の構造」（図6）を「事実」「トピック」「概念」「原理・一般化」の4つのレベルに分けて説明しています。

　例えば，前節で紹介した6年生で戦争と平和を扱った探究の単元（UOI）を例に説明しましょう。児童は，まず，第1次世界大戦やコソボ紛争などの資料を集めました。これは「事実」です。クラスのいざこざをイメージする児童もいました。これも「事実」です。そして，戦争が起こる原因や影響，平和の意味やその重要性について調べます。紛争がなぜ生じるのか，それが人々や国々にどのような影響を及ぼすのか，また戦争が平和に与える影響について考える児童もいるでしょう。さらに，平和を築くための方法や価値観，他者との協力の重要性について考える児童も出てきます。そして，対話や妥協の重要性，争いを解決するための方法について理解を深めるのです。それぞれ個別の時代や地域で起きている戦争ですが，そ

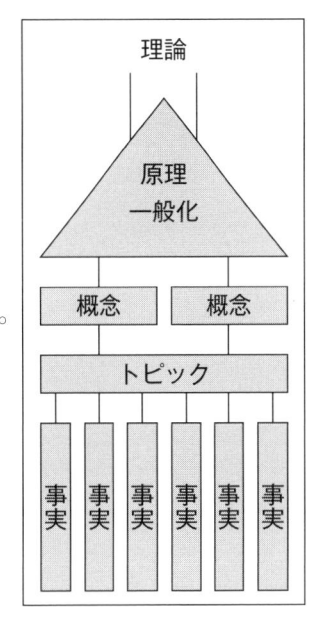

図6　知識の構造

れらには原因や影響，価値観といった共通する「トピック」があります。このように，児童は単なる戦争や平和に関する事実としての情報を列挙するのではなく，関連する情報を組み合わせ，包括的かつ意味のあるものとして捉えていく中で，「戦争」「平和」という概念をより深く理解するようになるのです。「概念」を通して捉えることが，個々の事実や概念が単なる断片的なものではなく，全体としてのテーマを理解する手助けとなるのです。そして，セントラルアイデア「平和な世界は，多様な正義を認め合うことで発展する」という「一般化」された「原理」を理解することができるのです。ここでの「一般化」という語の「一般」は「普通」とか「誰でも」という意味ではなく，「広く全体に通じる」「普遍的」といった意味です。エリクソンは「一般化」を「複数の概念の関係を明文化したもので，時，文化，状況を越えて転移する」と定義しています[3]。つまり，セントラルアイデアとは，いつの時代でも，洋の東西を問わず，誰もが納得できる普遍的なものなのです。ですから，ユニットの核となる概念を2つ以上組み合わせて抽象度を高めた文章で表されるのです。このセントラルアイデアが理解できるようになるにはどんな探究活動をしていけばよいのか，概念を通してどのように児童の考えを揺さぶっていけばよいかを考えていくのがPYPの授業づくりの醍醐味でもあるのです（第3章30ページ参照）。

2　エリクソン他（2020）『思考する教室をつくる概念型カリキュラムの理論と実践―不確実な時代を生き抜く力―』
　　遠藤みゆき他訳　北大路書房　pp.39-43
3　2同掲書　p.42

4 特定概念

特定概念とはＰＹＰで大切にしているツールの一つです。どういう役割を果たすのか，児童たちの学習において，ＰＹＰではどうして大事なツールとして位置づけているのか，どういうふうに学習に促進するのか，どんな機能をもっているのかなどについて説明します。

特定概念は「特徴（Form）」「機能（Function）」「原因（Causation）」「変化（Change）」「関連（Connection）「視点（Perspective）」「責任（Responsibility）」の7つあります。特定概念を使うのは探究の単元（ＵＯＩ）だけの話ではありません。教科学習でも，特定概念を使っていくことによって，児童たちが7つの特定概念を使いこなせるようになると考えています。探究の単元（ＵＯＩ）が進んでいくにつれて，児童が特定概念を使いこなせるようになってきます。すると，児童は教師の設定した以外の特定概念を使って探究を進めることができるようになります。また，探究の単元（ＵＯＩ）以外にも，教科学習で自分のツールとして使いこなすことも期待できます。そのため，教師は特定概念という便利なツールをどのように役立てるのかを考えることが大切です。ＰＹＰ校ではない学校や探究の単元（ＵＯＩ）をしていないクラスでも，特定概念を授業に取り入れ，どう活かすことができるのかを検討してみる価値は十分にあります。

特定概念が設定されている2つの理由

(1)セントラルアイデアをより深く広く理解をしていくための切り口

探究の単元（ＵＯＩ）の設定の一つにセントラルアイデアがあります。これは，いわゆる探究のゴールとして位置づけています。仮に，セントラルアイデアが「星の立体」だったとしましょう。児童は最初は星とは見えていなかったり，見えていても平面的な星に見えていたり，一部しか見えていないというような状態です。そこで，探究の流れを明確にするための特定概念を設定します。すると，児童が1つの方向からしか見えていない状態から，別の方向からも見えるように児童を誘うことができます。単元に探究の流れを3つや4つ設定しているのは，より多くの側面から物事を見るようにしたいからです。それぞれの探究の流れで「ここの探究をしよう」というときに特定概念を使ってみることで，星は新たな側面を照らし出されたり，立体的に浮かび上がってきたりするようになるのです。

ここでの特定概念の役割は，探究の流れの中でセントラルアイデアをより深く広く理解をしていくための切り口です。また，特定概念とキークエスチョンはセットになっています。例えば，原因（Causation）の場合，キークエスチョンは「どのような原因があるのか」といった具合です。はじめは，児童は問いを立てることにハードルを感じます。児童にとって，質問を

つくることは簡単でも，リサーチや探究に耐えうるような問いをつくることは難しいからです。そのため，児童が慣れないうちは，特定概念とキークエスチョンはセットにして，キークエスチョンを使えるようにしておくとよいでしょう。

⑵特定概念を使いこなす

　特定概念7つを使いこなせれば，未知の事象や大きな課題にぶつかったときに，自分で探究サイクルを回せます。それは，「問題に出合ったときに7つのうちのどれを使おうか」「特定概念は何個必要なのか」「探究が回っていくにつれて違う特定概念を用いよう」などの発想を児童がもつことができているからです。しかし，特定概念は使っていかないと，なかなか身につきません。しかも，7つ全部を使うのはなかなか大変です。

　それにはまず，特定概念を使う練習が必要です。児童の発表の様子（図7）を例に考えてみましょう。児童の資料を見ると，探究の単元（UOI）に位置づけた特定概念の機能（Function），視点（Perspective）が載っています。なぜ，児童は発表資料に特定概念を載せたのでしょう。それはこの単元で，意図的に特定概念を使う練習を仕組んでいたからです。児童が調べたことをノートに記録する段階から，意図的に特定概念をノートに書かせていたのです。結果，児童は発表資料に特定概念を載せるくらい，自然と特定概念を使うことができたのです。

図7　児童の発表の様子

　実は，探究の単元（UOI）の「探究の流れ」で特定概念を使う機会は，1つの学年で年間6つの単元に取り組むので，6つの単元×3つの特定概念，つまり18回ほどしか特定概念を使う機会がありません。

　そこで，PYPでは，次の手立てを講じることで，児童が特定概念を使いこなし，自分で探究サイクルを回せるような力をつけたいと考えています。

　・意図的に特定概念や課題の設定をすること

　・特定概念を活かし，児童への問いかけをすること

　・探究の流れの内容そのものが特定概念に相応しい内容であること

　これらの手立てを行うことで，児童は体感的に「こういうときは，この特定概念がいい」「この特定概念のときは，こういうキークエスチョンだ」「こんな問いもこの特定概念の問いになるんだ」と，特定概念の活用方法を学ぶことができます。

付加概念

付加概念とは？

　ＰＹＰでいう付加概念とは，各教科やテーマに関連する，より具体的な概念のことです。ユニットの教科の内容と関連づくように，付加概念は教科の内容から引っ張ってくるとよいでしょう。例えば，算数で言うと，関数，空間，比例，確率などです。

　関数，空間，比例，確率といった付加概念は，広い範囲のセントラルアイデアに対して，より具体的で絞ったものと言えます。付加概念は，セントラルアイデアの様々な側面や要素を考えるきっかけをつくり，テーマやトピックを多角的な視点から深く探究する手助けとなります。いわば，セントラルアイデアの補完的な役割をします。

　また，付加概念を使って，違う分野やテーマをつなげることもできます。これによって，教科の枠をこえた学びができ，広い視点から考えることができます。付加概念を使うことで，比べたり，分析したりするスキルも身につきます。

どうやって付加概念を決めるの？

　付加概念になるものは，セントラルアイデアに入れるほどではないが，大事な概念だと考えられるもの，教科の内容で出てくるものになります。

　『ＰＹＰのつくり方』の巻末に，教科についての説明があります。理科や社会は学習要素ごとに，付加概念が明記されているので，参考にしてみてください。日本の学習指導要領のように，各教科でおさえておきたいことなどが書かれてありますので，付加概念で困ったときにはご覧になるとよいでしょう。

　実際の単元では，例えば特定概念を「特徴」としていたとき，付加概念はリズムや拍になります。特定概念を「変化」とした場合は，リピートなどが付加概念となります。もちろん，ユニットの中に音楽が位置づけられていることが前提です。ユニットに音楽があり，リズムや拍を扱うのであれば，リズムや拍を付加概念とすることは可能です。このように，付加概念は，ユニットの教科の内容と関連づくように，教科の内容をもとに考えます。

第6章
ＡＴＬスキル

アオイ先生

概念を使って理解していく探究の学びはなんとなく分かってきました。
でも，どんな力がついたと言えるのでしょう？

そもそも学力とは何なのでしょう。
ＩＢではペーパーテストの点数がいいから学力があるとは考えません。
ＩＢが育みたいのは「学びに到達する力」です。
一生使える「学びのスキル」です。5つのスキルを紹介します。

リサコ先生

1 学び方を学ぶスキル

学び方を学ぶスキル

　江戸時代，寺子屋では「読み書きそろばん」が必須のスキルと言われていました。しかし，現代は知識や情報がどんどん更新されていく予測不可能な時代です。「読み書きそろばん」だけでは通用しません。これからの社会を生き抜くためには，常に新しいことを学び続けるスキルが必要となります。日本の学習指導要領では，学習の基盤となる資質・能力と言われています。ＰＹＰでは，学びに到達するスキル（Approaches to learning）として，5つに分類しています[1]。本書では，「ＡＴＬスキル」と呼んでいきます。このスキルの中には，周囲の人との関わり方や気持ちのコントロールやルールを守ることなども取り上げています。日本の学習指導要領では日常生活や特別活動や学級活動で自然に学ぶこととしていました。しかし，グローバル化し，多様な価値観や文化的背景をもつ人々と協働できる社会人となるために，より意識化して指導していく必要があるのです。次に5つのスキルを紹介します。それぞれのスキルは，より詳細に細分化された「サブスキル」で構成されています[2]。

(1)思考スキル

　思考を働かせるにはまず知識の習得が必要です。基礎的な事実や語彙を記憶し，学習内容の意味を理解し，解釈することは思考スキルの一連の流れです。さらに，知識やアイデアを分析し評価し，統合することを通して，すでに学んだ知識を新しい方法で実践的に応用していきます。自己や他者の観点や思考過程を認識し，分析するメタ認知や客観的で論理的な思考も高度な思考スキルです。サブスキルとして，「批判的思考スキル」「創造的思考スキル」「転移スキル」「振り返りまたはメタ認知のスキル」の4つでまとめられています。

(2)リサーチスキル

　探究活動の最初の一歩は，自分が知りたいことや知る必要があることをふまえて，問いをもつことです。そのために，いろいろな感覚を使って，関連する情報に気づく観察力も必要です。そして，問いの解決に必要な情報を得る方法を考え，活動計画を立てます。適切なメディアを活用してデータを収集，記録，整理し，解釈していきます。そして，調査結果を適切なメディアを選択して効果的に発表します。以上の流れがリサーチスキルです。サブスキルとして，「情報リテラシースキル」「メディアリテラシースキル」「メディアと情報の倫理的な使用」の3つにまとめられています。

1　ＩＢＯ（2018）『ＰＹＰのつくり方：初等教育のための国際教育カリキュラムの枠組み』 pp.25-27
2　ＩＢＯ（2024）『学習と指導』 pp.38-39

⑶コミュニケーションスキル

　コミュニケーションに必要な言語は文字の「読み書き」や音声による「話す聞く」が日本の学習指導要領でも設定されています。しかし，現代ではＳＮＳによる写真や動画のやり取りが盛んになっています。コミュニケーションスキルでは，映像言語に対する「見ること・発表すること」も含めています。この「発表すること」とは，プレゼンテーションという意味ではなく，写真や動画などのマルチメディア作品を作成することを示しています。さらに，記号や身振り，合図を含む非言語コミュニケーションも含めます。サブスキルでは，「情報交換スキル（話す，聞く，解釈する）」「リテラシースキル（読む，書く，見る・見せる）」「情報コミュニケーション技術（ＩＣＴ）のスキル」としてまとめられています。

⑷社会性スキル

　社会性スキルとは家族やクラス，地域といったコミュニティーの中で発揮されるスキルです。グループの中で役割を担い，周囲の人と協力し，責任をもって取り組むことを意味します。他者を尊重して意見に耳を傾け，対立を解決して公平にふるまうことも重要なスキルです。グループの話し合いで合意形成し，意思決定することも重要なスキルです。サブスキルとして，「好ましい対人関係の構築と協働スキル」「社会的・感情的知能の発達」が挙げられています。

⑸自己管理スキル

　まず，自分自身の体を大きく動かしたり，細やかで精密な動きができることや物の位置関係を捉える空間認識ができるといった自分をコントロールできることもこのスキルの一つです。さらに，学習活動の準備や計画，時間を管理したり，締め切りを守ったりできることは自己管理の基本です。ルールを守って安全に行動できることや健康的な生活を送れることも自己管理の重要な要素です。これらはサブスキルとして，「管理・調整スキル」「心の状態」としてまとめられています。

独自の文脈で設定するサブスキル

　ここで注意したいのは，サブスキルはあくまでも例に過ぎないということです。目の前の児童の様子や状況や学校独自の文脈をふまえ，必要なサブスキルを検討してよいのです。また，学び方のスキルは１回では身につきません。スキルを活用できる場面を繰り返し，設定する必要があります。１つのユニットでも，練習としてみんなと一緒に取り組む場面，失敗してやり直す場面，一人で自信をもって活用できる場面を織り込んでいくのです。目標は日常生活で活用できるようになることです。その過程を評価し，次の目標につなげていきます。

2 思考スキル

　子どもたちは未知の世界をワクワクしながら探究し，世の中にあるものや仕組みを学んでいきます。「これは何？」「どうなっているの？」と思考を働かせ，問いを立て，納得できる答えを見つけていきます。そして，「私はこれが好き！」「これを作ってみたい」と自分の考えを主張できるようになります。教師はどんな考え方をしていくとよいか手本を見せたり，正解が一つではないオープンエンドの問いを投げかけたりして，じっくり思考スキルを育んでいくとよいでしょう。思考スキルにもいろいろな種類があります。4つの「サブスキル」とともに，どのような活動で育まれるものなのかを紹介します。

(1)批判的思考スキル

　「批判的」というのは英語で「クリティカル」の訳語で，「吟味する」という意味を含んでいます。問題やアイデアを分析し，評価し，意思決定をしていくスキルです。

①分析する

　児童は注意深く観察して，問いを見つけます。その問いは，対象の性質や出来事の意味を認識するためのものです。題材や資料の意味をよく考察し，知識やアイデアのつながりを見出すことで，新しい理解が構築されていきます。教師は題材を分解したり，個別の構成要素に分けたり，複雑な仕組みを探るためにシミュレーションとしてのモデルを用いたりして，導いていきます。

②評価する

　ここでの「評価」とは，分析したことに対して，自分なりの判断をもつことです。そのために，情報を整理したり，考え方の道筋をよく考えたり，根拠を見極めたりしていきます。教師からは，児童が結論を出すときに，次のような問いを投げかけるとよいでしょう。「他の考え方がないか？」「見落としていることはないか？」「世の中で当たり前となっていることではないか？」「思い込みや偏った見方はないか？」児童は次第に多角的なものの見方を習得し，自分なりに検証して結論を導き出せるようになっていきます。

③意思決定をする

　「意思決定」とは，児童が探究してきたことに対して自分の考えをまとめ，結論や解決策を提案することです。このとき，自分の結論を頑固に固持するのではなく，反対の立場の考えも理解して議論を展開できたり，新しい情報や根拠に基づいて理解を修正できたりする柔軟さも必要でしょう。こうして，普遍的な理解が形成されていくのです。

⑵創造的思考スキル

　新しいアイデアを発送し，新しいものの見方を育んでいくスキルです。

①今までにないアイデアを発想する

　斬新なアイデアは何もないところからいきなり出てくるものではありません。まずは，すでにあるものを模倣したり，改善策を考えたりすることから始めます。グループでブレインストーミングをしたり，アイデアを書き出したり，図解したりする中で，独創的で予想外のアイデアが生まれてくるでしょう。教師は発想のタネとなる情報やきっかけを示したり，異なる方向から考えるように促したりして，児童のアイデアを引き出していくのです。ありえないものや不可能だと思えるものでもどんどん褒めていきましょう。遊びのような楽しい活動を授業の中にしかけていきましょう。

②新しいものの見方を検討する

　創造性を発揮するためには，柔軟な発想力が必要です。多角的で多様なものの見方を養うためには，「もし，○○だったなら」という問いかけから，たくさんの仮説や代案を立てる活動が役立つでしょう。そして，それらを検証する中で，反対の意見や対立する議論，補完し合える議論などを多数発展させて，柔軟に思考する力をつけていくのです。

⑶転移スキル

　これは，すでに学んだ知識やスキルを他の場面で活用できるようにするスキルです。日常生活の中で，ユニットで学んだこととのつながりを見つけたり，他の授業で前のユニットとの共通点を見つけたりすることです。「あ，これってあのときの探究でやったことと似ているよね。」という言葉が出たとき，児童の中で学びの転移が起きているのです。そのためには覚えていることも大切です。概念的理解は長期的な記憶を形成する効果があります。ユニットを重ねていくと，特定概念からつながりを見つけやすくなるでしょう。

⑷振り返りのスキル

　「今日は何を学びましたか？」「まだ分からないことは何ですか？」「最後に質問したいことはありますか？」「何ができるようになりましたか？」「次は何に取り組んでみたいですか？」「次はどんなスキルを高めたいですか？」「よく学ぶには何が大切でしたか？」ユニットのまとめで，低学年の頃には教師からこのような質問をしてあげるとよいでしょう。こうした振り返りを児童自身が記録して，保存できるようにしましょう。学びの記録，ポートフォリオです。これを見返し，成長していくと，自分で学習のプロセスを振り返り，達成できた点と改善できる点を分析し，次の目標を立てられるようになります。学び方を学ぶＡＴＬスキルの最も重要なスキルです。

3 リサーチスキル

　幼児は2歳くらいで言葉を覚え，アイデンティティーが芽生え始めると，自分の主張を試そうとする「いやいや期」がきます。同時に，身の回りの世界を認識するための「なになに期」を経て，3歳から6歳くらいで「なぜなぜ期」に入ります。保護者がその質問に共感したり，一緒に調べたりすることで，子どもの知的好奇心と自己肯定感が育まれていきます。子どもたちが6歳で就学してからは，教師がその役目を引き受けます。

　探究の学びで生まれた「なぜ」を解決していくのがリサーチスキルです。調べる方法を教えられるのは，教師だけではありません。学校には図書館司書の先生やICT支援の先生など，プロフェッショナルがいます。いろいろな方の支援のもと，児童が一人で調べられる方法を身につけられるように促していきましょう。

　デジタル時代の今日では，インターネットでなんでも簡単に検索出来てしまいます。しかし，オンラインの情報は玉石混淆です。情報の信頼性が問われる時代です。まず，情報が厳選され，情報に対する責任の所在が明らかな本を使って調べることから始めるとよいでしょう。そして，最新の情報や探究の手がかりを探すためにネットを利用するときには，発信者の立場や内容を吟味し，複数の情報を比べるなど，情報の信頼性を吟味するスキルの指導もしっかりしていきましょう。

　そして，調べたことを記録して整理する工夫ができることもリサーチスキルの一つです。さらに，まとめて発表するときに，どこからどこまでが調べたことで，どこからが自分の考え方なのかを区別できる学問的誠実性も重要です。

　リサーチスキルのサブスキルは大きく2つに分けられています。

(1)情報リテラシースキル

　考えたことや計画したこと，情報の集め方や記録の仕方，まとめ方，解釈して評価して，話し合うときに活用する「情報の扱い方」のスキルです。

①考案および計画

　自分にとって興味のある調べてみたい問い，調べることができる問いを立て，解決するために必要な情報をどうやったら見つけられるのかを考え計画を立てるスキルです。

②データの収集および記録

　問いを解決するための情報源は様々です。人や場所，教材，本，新聞，インターネットなど，どれを活用すればよいのか，どうやって探せばよいのか，適切な方法を選べるようになるとよいでしょう。図書館での本の検索方法やインターネット検索での語彙の選び方，インタビュー取材の方法や写真や動画の撮影方法など，調査の基本は教師から教えておきましょう。調べたことを，絵，メモ，図，数量，文章，画像を活用して記録して保存する方法も同様です。

③統合および解釈

　調べたことを整理して分類し，読み取れることを解釈したり，分析したりします。このときに活用するのが批判的思考スキルです。そして，調べたことを人に分かりやすく伝えられるように，効果的な形式（語り，説明文，表，グラフ，図解など）を選んでデータとしてまとめます。

④評価およびコミュニケーション

　まとめたデータに見られる関係性やパターンから結論を導くことが「評価」です。「コミュニケーション」とは，その結論を発表し，質疑に応じる活動です。このときに学問的誠実性と知的財産権の重要性に気づかせましょう。その情報の出典が「本，ネットニュース，クラスの友達」からなのかをはっきり示し，どこからが自分の考えなのかを述べられるように指導するのです。高学年では参考文献一覧も作らせるとよいでしょう。

(2)メディアリテラシースキル

　メディアリテラシーとは，メディアから受信した情報をクリティカルに分析し，自らの情報を発信でメディアを効果的に活用するスキルのことです。ソーシャルメディアやオンライン・ネットワークから簡単に情報を取得できますが，その情報源の信頼性を確認することは重要です。1つの情報でも，複数のメディアでリソースを見つけて，比べて分析する「ラテラル（水平）・リーディング」をすることが大切です。そこから，その情報に対する多様なものの見方があることも見つけられるでしょう。メディアを使って多くの人に向けて情報や考えを効果的に発信することの責任も学ばせていきましょう。

(3)メディアと情報の倫理的な使用

　情報モラルとは，メディアと情報の倫理的な使い方や道徳的な判断ができるという規準をもっていることを指します。まず，メディア情報のリソースの信頼性を吟味し，区別できることが求められます。そして，メディアを使って情報を発信するときに，内容の信ぴょう性や受け手に与える影響をよく考える必要が求められます。どんなテクノロジーでも，使い方によっては人を楽しませることもあれば，傷つけてしまうこともあります。ＳＮＳでは，匿名の投稿ができる気楽さから，攻撃的な書き込みが盛り上がることがあります。メディアの向こう側にいる人を思いやる想像力が必要です。

4 コミュニケーションスキル

　コミュニケーションスキルは，言語や様々な方法を用いて，情報にアクセスしたり，知識を習得したり，他者と交流をしたりする重要なスキルです。他者と交流するコミュニケーションのサブスキルが「(1)情報交換スキル」です。このスキルは音声言語だけではなく，映像言語も活用します。「解釈する」という項目の中に，写真や動画などの映像言語とボディランゲージなどの非言語コミュニケーションが含まれています。文字言語の「読むこと」「書くこと」のスキルが「(2)リテラシースキル」です。さらに，ＩＣＴを活用したコミュニケーションスキルが「(3)情報コミュニケーション技術（ＩＣＴ）スキル」です。

(1)情報交換スキル

　考えや意見，メッセージ，情報をお互いに効果的にやり取りするスキルです。このサブスキルは「話す」「聞く」という音声言語コミュニケーションスキルと，マルチモーダルとしてあらゆる情報を「解釈する」スキルとして，「見る」「見せる」という映像言語コミュニケーションスキルを含めています。

①話す

　話すことは自己を表現し，想いや考えを相手に伝えることです。まず，相手や場に応じた話し方のスキルが必要です。一対一の対話なのか，少人数グループの話し合いなのか，大勢の人を前にしたスピーチなのかで話し方は異なります。また，相手が下級生，級友，先生，地域の大人かによって言葉遣いや声の調子，話す内容や話の組み立て方を考えることが必要です。そして，自分の考えが明確に伝わるように，理由や根拠を明確にして，論理的に話すスキルを習得できるようにしたいものです。そのためには，話し方に対する適切な評価を受け止め，自分自身の改善点を次の目標につなげるスキルも必要です。そして，グループの話し合いで，自らの役割や立場をふまえて，進行を考えて議論するスキルにつなげていきましょう。

②聞く

　聴覚からの情報を受け止めて理解することが「聞く」スキルです。内容や相手の意図をしっかりと捉えて，自分と関わらせて聞くことによって，質問したり，感想を述べたり，自分の意見と比べることができるようになります。グループで協力して取り組む探究の活動では，他の人のものの見方や考えに積極的に耳を傾けることが大切です。聞くときのマナーとして，話している相手への敬意を示し，興味関心をもって積極的に聞く態度をもたせましょう。

③解釈する

　「解釈する」とは，映像，記号，標識などの映像言語や，身振り，合図などの非言語によるコミュニケーションの意味を認識することです。つまり，目で見たものを記号やシンボルとして認識して，意味を解釈していくのです。画像と言語が相互作用をしてアイデアや価値観，信

念を伝達する方法を分析し，理解することが「見る」スキルです。さらに，自らの表現に活用させていきます。「発表する」スキルとは，視覚資料やマルチメディアを作成して「見せる」ことです。目的や受け手に合わせ，効果的に情報やアイデアを伝達します。

　現代では，タブレット端末が普及し，簡単に映像の視聴や撮影，編集ができるようになりました。探究学習でどんどん活用し，マルチモーダルな情報交換スキルを育んでいきましょう。

⑵リテラシースキル

　情報を収集し，また，それを伝えるために，文字言語・映像言語を活用する言語活動です。

①読む

　人は，情報を取得するためや楽しむために，様々なジャンルの文章を読みます。情報の内容を分析や比較をして，推論して結論を導き出すという批判的な読み方もあります。また，登場人物の行動や変化を追いかけ，ストーリーの展開を想像して味わう創造的な読み方もあります。グラフや図表，挿絵の意味を文章の関わりから考えて読むことも必要です。「解釈する」項で述べましたが，非言語コミュニケーションを読むことも含みます。

②書く

　「書くこと」は，様々な目的や読み手に応じて，適切な記述形式を用いて表現することです。情報を簡潔に正確に論理的に伝える場合もあれば，情景や心情を豊かなイメージで創造的に伝える場合もあります。いずれも，テーマを決め，取材し，構成や文体や表現を考え，推敲する過程が必要です。書き記す方法は手書きもあれば，デジタルな手段としてキーボードで入力する方法もあります。様々な技法を用いた書く活動を授業に織り込んでいきましょう。

⑶情報コミュニケーション技術（ICT）のスキル

　急速にデジタル情報化が進み，様々なメディアから必要な情報を見つけたり，情報を整理したり，発信したい情報を表現したりする上で，コンピューターやインターネットなどのテクノロジーを活用するスキルは必須のものとなっています。デジタルなソーシャルメディアネットワークに責任をもって参加し，貢献するために，メディアの適切な表現方法や情報の受け手に与える影響について十分な知識を得て理解し，効果的に伝えるスキルが必要です。

5 社会性スキル

　社会性スキルとは，公の場で周りの人たちの考えや気持ちを理解して，場面に応じて適切な行動をとれるように自分自身の気持ちを整えていくスキルです。挨拶をしたり，相手の目を見てきちんと話を聞いたり，相手の反応を見て落ち着いて話すなど，日常生活で良い人間関係を築いていくためのスキルで，コミュニケーションスキルに通じています。

　学習とは，一人で知識を蓄えるものではなく，人と人との対話の中に知識が構成されて成立すると考える社会構成主義に基づくＩＢプログラムでは，学習者中心の協働学習を重視しています。児童同士がお互いを認め合い，のびのびと協働して学び合える学級の風土づくりのために，社会性スキルの育成は欠かせません。年度はじめの学級開きでは，お互いを認め合い協力する楽しさを味わえるアイスブレーキング・ゲームをし，みんなで共有できるクラス目標やルールづくりをするとよいでしょう。社会性スキル育成の第一歩です。

　「お互いを認め合う」という点で注意すべきなのは，お互いの個性を理解して共感して分かり合うというだけではありません。どうしても分かり合えないところもあるということを認めることも必要なのです。人は育った環境によって，それぞれ異なる考え方や価値観をもつものです。家庭や地域，国によってそれぞれ多様な文化をもっているからです。「みんな同じだから安心」ではなく，「みんな違うから豊かだし，深い学びが生まれる」と考えられるように導いていきましょう。これが，グローバルな視野とインターナショナルなセンスを育むことにつながるのです。他者の視点を理解し，相手を尊重し，合意形成を図っていく社会性スキルは，児童の全人的な成長に関わるものであり，社会生活を営む上での必須のスキルです。

⑴好ましい対人関係の構築と協働スキル

　協働スキルを備えた人は，グループで協力して学習するときに次のように行動できます。礼儀正しく，思いやりと経緯をもってふるまえます。仕事を共有し，交替で，様々な役割を果たします。自制心をもち，失敗したらそれに対処し，仲間を手助けできます。他の人のものの見方や指示を注意深く聞くことができます。合意形成し，効果的に交渉します。公平で，公正な決定をします。自分と他者の権利とニーズを主張できます。

⑵社会的・感情的知能の発達

　学習グループの一員として自分と他者が及ぼす影響を自覚し，自分と他者の感情を認め合うことができます。怒りをコントロールし，対立の解消につなげます。

6 自己管理スキル

　自己管理スキルとは，自分自身の感情や行動をコントロールするスキルです。すぐに諦めて投げ出す児童には，気持ちを整えさせてから，つまずきの原因を見つけさせ，解決に向かう道筋を示していくのです。次第に，児童が自己管理スキルを身につけ，自分なりにストレスを乗り越え，達成感を味わい，ポジティブ思考で自己肯定感を高めていけるようになることが期待されています。

⑴管理・調整スキル
　自己管理の中には，身の回りの整理整頓や，作業スケジュールの進行や締め切りなどの時間の管理，任された仕事への責任などが含まれます。社会性スキルに通じるものです。授業に遅刻しない，忘れ物をしないという基本的な学校生活のルールから始まり，学習課題に取り組み，完了し，活動を記録するというルーティーンを積み重ねながら育んでいくスキルです。次第に，自分の得手不得手を認識し，自分に適した方法を身につけ，困難だがやりがいがある実現可能な目標を設定できるようになるでしょう。協同学習に必要な社会性スキルのベースとなるところです。

⑵心の状態
　感情や自分の意志をコントロールするスキルです。
①マインドフルネス
　心と体を健やかに保ち，注意を集中する力を整える支えるスキルです。
②粘り強さ
　課題を粘り強く取り組む姿勢です。課題解決に取り組む過程を阻む障害や対立の解消に向けて忍耐強さを発揮します。
③感情のコントロール
　自分の気持ちを常に平らかに保つためのスキルです。このスキルを身につけると，ストレスや不安を解消し，怒りをコントロールし，対立を解消できるようになります。いじめの防止や撲滅につなげていきます。
④自己動機づけ
　ポジティブ思考をもって，自分のやる気を高めていけるスキルです。
⑤立ち直る力
　七転び八起き。失敗しても失望を乗り越え，逆境を克服するスキルです。

自己調整学習

　平成29年版学習指導要領から，コンピテンシー（資質・能力）の３つの柱が設定されました。その一つの柱に，「学びに向かう力・人間性等」があります。生涯にわたり学び続けるための基盤であり，学習者自身が自らの学習を調整し，粘り強く取り組む力が求められています。学習者が自らの学びを自覚し，自己調整を行いながら主体的に学びに向かう力です。

　この自己調整学習は，アメリカの教育心理学者のジマーマン（Zimmerman）によって社会的認知理論の知見に基づき，1990年代から提唱されてきました。ジマーマン（2014）は，自己調整学習とは「学習者たちが自分たちの目標を達成するために，体系的に方向づけられた認知，感情，行動を自分で始め続ける諸過程のこと」と定義しました[1]。学習者自身が学習する中で，「予見段階」「遂行段階」「自己内省段階」を意識し，このサイクルを重ねる中で，効果的な学び方を身につけ，生涯学習者として成長していくというのです。

　これはＰＹＰでも大切にしています。自己調整学習を通して何を習得していくべきかが，ＡＴＬスキルにまとめてあるのです。探究の単元（ＵＯＩ）では，最初にその単元で目指すＡＴＬスキルを確認します。「予見段階」です。次に，探究学習の活動の中でＡＴＬスキルを発揮していきます。「遂行段階」です。そして，単元のまとめで振り返りを丁寧に行います。「自己内省段階」です。

　最も重要なのがまとめの段階での自己評価です。子どもたちは自分を客観的に振り返り，お互いに建設的なフィードバックをすることで，自己調整のできる学習者に成長していきます。詳しくは第３章第２節の「⑹振り返り」をご覧ください。自分の歩みについて自己評価と自己モニタリングができるようになると，次第に自分で学習目標を設定して，その目標を達成するために次の単元で何にチャレンジするべきかを自分で決められるようになります。

　この自己調整学習の力は生まれ持ったものではありません。教師が，学習を継続的に振り返る機会を意図的に設定することで育まれていくのです。子どもたちが教師からの評価や仲間からのフィードバックを受け止め，自己調整をする機会を設けていきましょう。評価とは，教師が子どもたちそれぞれの個性に合わせて自己調整する力を伸ばす手段なのです。

　この評価の方法については次の第７章をご覧ください。

1　ジマーマン（2014）『自己調整学習ハンドブック』塚野州一・伊藤崇達監訳　北大路書房

第7章
評価

アオイ先生

リサコ先生のお話で育むべきスキルは分かってきましたが，
そのスキルをどのように評価するのでしょう。
評価って難しそうですよね。

PYPが評価するのはスキルだけではありませんよ。
評価にも3つの種類があるのはご存じですか？
大丈夫です。評価は難しくて怖いものではありませんから。
私が授業で使った評価シートも紹介して説明しましょう。

リサコ先生

1 評価とは

３種類の評価

　「評価」という言葉を聞くと，赤のフェルトペンで大きく点数が書かれたペーパーテストや数字が並んだ通知表を思い浮かべる方も多いでしょう。多くの人がもっているこのような評価のイメージは，「学習の評価」と呼ばれるものです。学習の評価は「総括的評価」とも呼ばれます。通常は，単元の終了時や学年の終了時に教師が作成したテストなどで定量的なデータが測定され，数値化されます。そこには，児童の側からの関与はありません。

　ＰＹＰにおいても，この学習の評価は欠かすことのできない，大切な要素です。しかし，ＰＹＰが大切にしている評価の種類は３つあり，学習の評価はそのうちの１つに過ぎません。あとの２つは「学習のための評価」「学習としての評価」と呼ばれるものです。そして，この２つはＰＹＰの探究のプロセスの核心に重なる部分が多く，児童の認知，社会性，感情，行動の発達段階を支えることができるものとして，重視されています。以下に，３つの評価について簡単にまとめます（表１）。

表１　３つの学習評価比較

	学習の評価	学習のための評価	学習としての評価
目的	総括的評価とも呼ばれる。学習の進度を確認し，報告することを目的としている。	形成的評価とも呼ばれる。指導に情報をもたらし，学習を促進することを目的としている。	形成的なプロセスの一環として行う。自己調整する生涯学習者になれるよう児童へのサポートを目的とする。
タイミング	通常は，単元の終了時や学年の終了時に行う。	学習のプロセス全体を通して行う。反復的であり，双方向性がある。	
特徴	児童の関与は限られる。 テスト，試験。 教師の判断が基本となる。相対評価または評価規準を用いた絶対評価。	児童が関与する。 記述及び口述の成果物。 観察とフィードバック。 教師と児童の対話や面談。 文脈に応じて調整する。 インフォーマルである。 プロセスを示す。	児童がメタ認知のストラテジーを発展させ使用して，自らの学習にエージェンシーをもって関わる。 学習目標を設定する。 目標をモニタリングする。 振り返りを行い，学習を変更及び調整する。

このように，学習のための評価，学習としての評価は，学習者を中心に置いたものであり，教師の判断で下されるものではなく，学習コミュニティー全体の関与を必要とします。そして，自己評価力を高め，学びへの情熱や動機を高め，自ら学習へ責任をもてるようになることを目的としています。

　ＰＹＰでは，「学習の評価」「学習のための評価」「学習としての評価」という３種類の評価を学習コミュニティーで共有し，児童も，教師も，保護者も評価とは何かについての理解を深めていくことが求められます。そして，評価は児童の学びのためにこそあることをみんなで理解していきます。特徴的なのは，保護者の評価への参画を強く求めていることです。児童がどのような学習目標を目指し，それをどこまで達成しつつあるかを保護者も理解することで，児童の学習をサポートし，学びのさらなる深まりを促すことができます。保護者は，児童が感じる学びの喜びや学習者としての成長の実感のために，欠かすことができない存在とされています。このような評価観を，学校と家庭が共有していくことで「どんな評価を下されるのか分からなくて不安」というようなネガティブな感情とは真逆のものが文化として生まれるはずです。ＰＹＰの目指す評価は，すべての児童にとって，自分の学びを促進し，自らを成長させてくれる，ポジティブなものであることを目指します。

効果的な評価の特徴

　ＰＹＰでは，効果的な評価には共通の特徴として，以下の項目を挙げています[1]。
・現実に即している：現実世界とのつながりを見つけられるようにし児童の取り組みを促す。
・明確かつ具体的である：学習目標，成功の規準，学習のために児童が使用するプロセス等
・多様性がある：目的に合わせて多岐にわたるツールやストラテジーを使用し，児童の学習についての総合的な理解を構築できるよう配慮されている。
・プロセスを重視している：児童を相対的に評価するのではなく，一人ひとりの歩みに焦点をあてている。
・協働的である：教師と児童の両方が評価の開発とそのプロセスに参加する。
・双方向性がある：学習についての継続的・反復的な対話が評価に含まれる。
・フィードバックからフィードフォワードを提供する：今後の学習を支えるために何が必要かについての情報をもたらし，児童の意欲を高める。

1　ＩＢＯ（2024）『学習と指導』　p.89

２ 総合的な評価の文化

評価の文化を共有するとは

　ＰＹＰでは「学習の評価」「学習のための評価」「学習としての評価」という３種類の評価を児童も教師も保護者も共有していくことが求められます。つまり，学習コミュニティーのすべてのメンバーが評価する能力を身につけることで，「学習者のなかに『隠された』潜在的な知識を，顕在的かつ透明性があり，アクセスできるものに変える」ことができるのです[2]。学習コミュニティーのメンバーが評価を理解するためには次のような条件が必要となります[3]。

- ・なぜ評価するのか，また何を評価するのかを，全員が認識し理解している。
- ・評価の質を構成する要素を，全員が認識し理解している。
- ・評価がどのように実施され，どのようなデータが収集・分析・報告されるかについて，共通の理解がある。
- ・評価について話す際に共通の言語が使われている。
- ・すべてのメンバーが参加する協働的な評価のプロセスが実践されている。

　評価の目的と対象を全員が認識すること，評価の質を構成する要素を全員が理解していること，評価について共通の言語が使われることなど，どれも重要です。児童にも，保護者にも，評価への理解を求めることは，ＰＹＰの学習コミュニティーの考え方の大きな特徴の一つと言えるでしょう。学習コミュニティーの中に，評価に対するポジティブな文化が生まれることによって，全員が，児童の学習や教師の指導に対して大きく貢献することができるのです。

児童の自己評価力を伸ばせる教師の評価スキル

　ＰＹＰの教師は，児童の学びを捉え，適切にフィードバックしサポートする役割とともに，児童の自己評価力を伸ばすためのサポートをしていかなくてはなりません。先述の「学習としての評価」をデザインすることが求められているのです。『学習と指導』では，「評価する能力のある教師の姿」として，以下のような特徴を挙げています[4]（項のグループ分けは執筆者による）。

○自身の実践に対しての評価
- ・評価の目的を理解し，適切なツールとストラテジーを選択する。

2　1同掲書　p.91
3　1同掲書　p.91
4　1同掲書　p.92

・データとエビデンスを使って，計画と指導のストラテジーに活かす。

・エビデンスとデータを振り返って，自らの実践のあり方を改善する。

○児童への学習のための評価，形成的評価

・協働的に評価を設計し，モデレーション（評価の適正化）を行い，結果を分析して，次のステップを計画する。

・効果的なフィードバックを提供し，学習の進捗状況を伝える。

○児童の学習としての評価のサポート

・児童の評価能力の発達をサポートする。

・成功のための機会を多数計画する。

・見本を示して，児童の振り返りをサポートする。

○学習コミュニティーにおける評価の文化の共有

・エビデンスとデータを，児童および学習コミュニティーと共有する。

　上記のことができるようになるために，教師が自分に次のように問いかけることが推奨されています。

・児童の学習について，私たちは何を認識し，理解しているか。

・児童が何をできるか，言えるか，書けるか，創造できるか，披露できるかを示すエビデンスにはどのようなものがあるか。

・質の高さとは何によって構成されているのかを児童が理解できるようになるために，私たちは何ができるか。

・児童がスキルを実践するにあたって，ほかにどのような文脈を提供できるか。

・学習をさらに進めるために，どのような行動をとる必要があるか。

・児童の学習を十分にサポートできたかどうかをどのようにして知るのか。

・多数の文脈または探究のＵＯＩにわたる学習の進歩を，どのように認識することができるか。

・児童と一緒に学習の次のステップを計画するにあたって，学習のエビデンスをどのように使用することができるか。

　特筆すべきは，3点目の「質の高さ」を児童に理解させる方法を問う項目です。児童が学習としての評価を進めていくとき，児童なりの自己満足で終わってはいけません。より良い質の高さが分からなければ，自己評価力も高まりません。そのためには，児童が教師と協働して学習目標や成功の規準を設計したり，学習目標の達成を最もよく裏付けるエビデンス（自分の学習のサンプルなど）を選択したりすることが効果的です。

　児童の学びへの情熱や動機を高め，自ら学習へ責任をもてるようになるために，教師が果たす役割は非常に大きいと言えるでしょう。

3 児童と共につくる評価の設計

そもそも，何を評価するのか

　日本の学習指導要領における評価の観点は，「知識・技能」「思考・判断・表現」「主体的に学習に取り組む態度」の3つです。では，ＰＹＰにおいては何を評価するのでしょう。何を評価するのかということは，そのまま何を児童に育むことを目指すのかということでもあります。ＰＹＰでは，「知識」「概念的理解」「スキル」「学習者像」について評価し，児童自身の自己調整による学習をサポートすることを目指します。

どのように評価するのか

　評価の対象である「知識」「概念的理解」「スキル」「学習者像」を，どのように評価すればよいのでしょうか。ここでも，改めて評価の3つの種類を確認しましょう。「学習の評価（総括的評価）」「学習のための評価（形成的評価）」「学習としての評価」の3つです。評価の対象と，評価の方法の関係は以下のように考えることができます（表2）。

表2　評価項目の対応

	知識	概念的理解	スキル	学習者像
学習の評価 （総括的評価）	○	△	○	×
学習のための評価 （形成的評価）	○	○	○	○
学習としての評価	○	○	○	○

　左表のように，学習の評価（総括的評価）は，「知識」と「スキル」については有効ですが，「概念的理解」と「学習者像」の評価には適しません。「概念的理解」は，テストで量的に測定できるようなものではありません。パフォーマンス課題で質的に見取るものです。「学習者像」も同様です。児童がどれだけ「ＩＢの学習者像」に近づくことができたかは児童の自己評価が重要です。教師が客観的に評価できるものではありません。児童が「学習としての評価」の中で，自らをモニタリングし，これまでの学びの達成度と次の学びの目標を確認していくのです。

　このように，ＰＹＰの学びにおいては「学習のための評価（形成的評価）」「学習としての評価」の重要性が際立っていることが分かります。これらを適切に行っていくためには，評価を教師だけではなく，児童と共に設計していくことが大切になってきます。教師が一方的に設計した評価基準では，児童も自分をモニタリングする意欲がわいてきません。評価の設計に携わることで，児童は進んで自分をモニタリングし，学びを促進しようとするのです。

どのように評価を設計するのか

　ＰＹＰの単元作りにおいては，「逆向き設計」のプロセスが重要視されてきました。最初に達成すべき知識，概念的理解，スキルを特定し，次に評価を設計した上で，最後に学習活動を計画して，知識，概念的理解，スキルを習得しようとすることを奨励します（図1）。

図1　ＰＹＰの単元作り「逆向き設計」のプロセス

　この「逆向き設計」は，目標と評価規準，学習活動に一貫性をもたらします。達成すべき目標と学習活動の離齬が生まれると，児童の学びも停滞してしまいます。一貫性はとても大切であり，このように設計された目標，評価規準を児童と共有していくことで，児童はどのように自分の学びをモニタリングすればよいのかを理解することができます。

　しかし，このような「逆向き設計」のアプローチだけでは，教師が設計した評価のあり方を，児童が受け止めるというだけになってしまいます。そこには，児童が主体的に評価の設計に参画するという姿はありません。そこで大切になってくるのが，「前向き設計」のアプローチです。これは，「逆向き設計」のアプローチを否定するものではありません。「逆向き設計」によって目標と評価規準，学習活動に一貫性が保たれるのは大切なことであり，まず教師はこのプロセスに従って単元を設計することが大切です。しかし，実際の授業の中では，計画されたもの以外にも様々な学習が起こる可能性があります。それを「計画にはない」と排除するのではなく，そこでどのような児童の力が発揮されるのかをモニタリングしていくことが大切です。これにより，評価の設計に参加することを児童に奨励し，他に何を知っているか，何ができるかを示すよう働きかけることができます（図2）。

図2　ＰＹＰの単元作り「前向き設計」のプロセス

　繰り返しになりますが，逆向き設計と前向き設計のどちらの方がいい，ということではありません。「逆向き設計」であると同時に「前向き設計」でもある双方向的な評価により，「知識」「概念的理解」「スキル」「学習者像」について，児童が主体的にモニタリングし，自己の学びを促進しようとする意欲が喚起されるのです。

4 評価における４つの領域

評価における４つの領域

　評価は，児童にとっても，教師にとっても有益なものです。何もない状態で，評価をすることはできません。評価をする際には，エビデンスが重要になります。「エビデンス（evidence）」とは，証拠，根拠，裏付け，形跡などを意味します。評価のための資料，授業の成果物です。では，どのような場面で，どんなエビデンスを収集していけばよいのでしょうか。

　ＰＹＰでは，図３のように，４つの評価領域を設定しています[5]。特に，学習者の行動につながるフィードバックを提供するために，「学習のモニタリング」と「学習の記録」に重きをおいています。

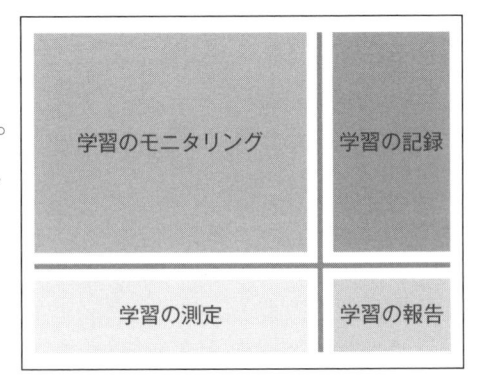

図３　学習と指導に情報をもたらすための評価

学習のモニタリング

　「モニタリング」とは，観察，観測を意味し，対象の状態を継続または定期的に観察・記録することです。どこかの限られた時点で判断を下すのではなく，継続して対象を観察し，学習の進歩を学習目標や評価規準と照らして確認し，評価のエビデンスを集めていくのです。

　そのための方法として，観察，問いかけ，振り返り，ディスカッション，面談，他の児童や教師と一緒にする学習，フィードバックとフィードフォワードが挙げられます。

学習の記録

　学習を継続的にモニタリングしていく中で，教師と児童は学習のエビデンスを収集していきます。記録は，物理的なものでもデジタルなものでも構いません。記録したものを他者と共有することで，自分とは違う見方に触れ，学習への洞察が生まれ，フィードバックやフィードフォワードが生まれ，学習目標と成功の規準を改めて意識し学習が促進されるきっかけになります。記録の方法としては，学習ログやジャーナル，学びの物語，ポートフォリオ，ルーブリックなどがあります。

学習の測定

　学習を測定する目的は，児童が特定の「時点」で何を学んだかを捉えることです。すべての学習を測定できるわけではなく，その必要もありません。測定のツールは，学校で独自に設計することもできれば，市販されているものを使うこともできます。ただし，どのツールも児童の達成や進歩についてより大きな視野を得るための有益なデータをもたらすものでなければなりません。

　ＩＢワールドスクールのなかには，行政機関や民間企業が提供している標準テストを使用して児童のパフォーマンスを測定している学校もあります。このような標準テストで到達度を測定する場合は，試験の実施者や教師が次の点を慎重に考慮する必要があります。

　・試験が児童の心身の健やかさにもたらす影響を，どうすれば最小限に抑えられるか。
　・このデータポイントをどのように活用すれば，児童の学習の包括的な把握につながるか[6]。

　このように，学習の測定にしても目的は児童への適切なフィードバックであり，測定する行為そのものが児童の心身の健やかさに悪影響を与えることを避けなければならない，ということが強調されています。ＰＹＰにおける評価観の一端をご理解いただけたでしょうか。

学習の報告

　学習コミュニティーを形成する一人一人に評価の価値観を共有することの重要性はすでに述べた通りです。児童の学習の記録を，学習コミュニティーを構成する保護者等に報告することも，重要なことです。学習について報告することは，児童の学習の進歩や達成を説明し，成長が見られる部分を特定するだけでなく，プログラムの有効性を振り返ることにもつながります。報告する上では，慎重に配慮して，児童と保護者にとって有益な情報を明確に伝える必要があります。教師の側がどのように評価したのか分からない結果だけを伝えられても，児童も保護者も簡単には受け入れられません。オープンかつ透明性のあるプロセスで報告を実践することが重要とされています。

　ＰＹＰ校では，レポートや学習の進行表，リフレクションシートを用いて児童が学びの成果を保護者にプレゼンテーションする児童主導型の三者面談を実施していることが多いです。児童が自らの学びをモニタリングし，学びの価値やどのような「学習者像」に近づいたかを保護者にプレゼンテーションするのです。保護者にとっても明確で透明性があり，納得できるものとなります。教師はそのプロセスをサポートし補足する役割を担います。

6　1同掲書　p.100

5 探究学習における評価

そのときにどんな評価が必要か

　では，ＰＹＰの探究のプロセスの核心となる「学習のための評価（形成的評価）」と「学習としての評価」について述べていきます。

　ＰＹＰの探究学習の中で評価の対象となるのは，「知識」「概念的理解」「スキル」「学習者像」についてです。教師は「学習のための評価」として，その後の学習に児童が活かせるフィードバックを提供するために，どこに焦点をあてて評価するのかを考えます。例えば，学習者の学齢による発達段階への配慮です。セントラルアイデアを掲げて学習を進めている中で，児童は様々な事例に触れ，それを概念化し，概念的理解をつくり出していきます。それが小学校低学年段階の探究学習の場合，つくり上げた概念的理解を丁寧に言語化し表現することは難しいかもしれません。一方，探究の学びを積み重ねてきた小学校高学年段階の場合は，概念的理解を様々な方法で表現することが可能になっているでしょう。このような場合，高学年では概念的理解そのものに焦点をあててフィードバックをすることが有効です。しかし，低学年ではむしろ学習のプロセスの中でどのようにスキルを使うことができたかに焦点をあててフィードバックをする方が有効でしょう。これは，「学習としての評価」についても同様で，児童が何に焦点をあてて自己評価するかは，教師が考慮していく必要があるでしょう。まだ自ら評価することが難しいことを自己評価の対象とすると，児童が混乱してしまいます。気をつけましょう。

ＡＴＬスキルに焦点をあてて評価する一例

　私が担任するクラスで行った探究学習での評価の取り組みを一例として紹介いたします。ユニットの概要は以下の通りです（表3）。小学3年生ユニット例

校種・学年	小学3年生
教科の枠をこえたテーマ	Sharing the Planet　この地球を共有するということ 限られた資源を他の人々や生物と共有するにあたっての権利と責任
セントラルアイデア	人は生き物のために，自然を分け合う責任をもっている
特定概念	特徴　関連　責任
ＡＴＬスキル	コミュニケーションスキル ・リテラシー　異なる目的や読み手に応じて適切な記述形式を用いる

> ・情報交換　他者のものの見方や考えに積極的に耳を傾ける
> 自己管理スキル
> ・管理・調整　短期的・長期的なタスクを計画する

　このユニットでは，ＡＴＬスキルに焦点をあてて，自己評価，形成的評価を行っていきました。以下に示すのは実際に児童が取り組んだ自己評価です（図4）。

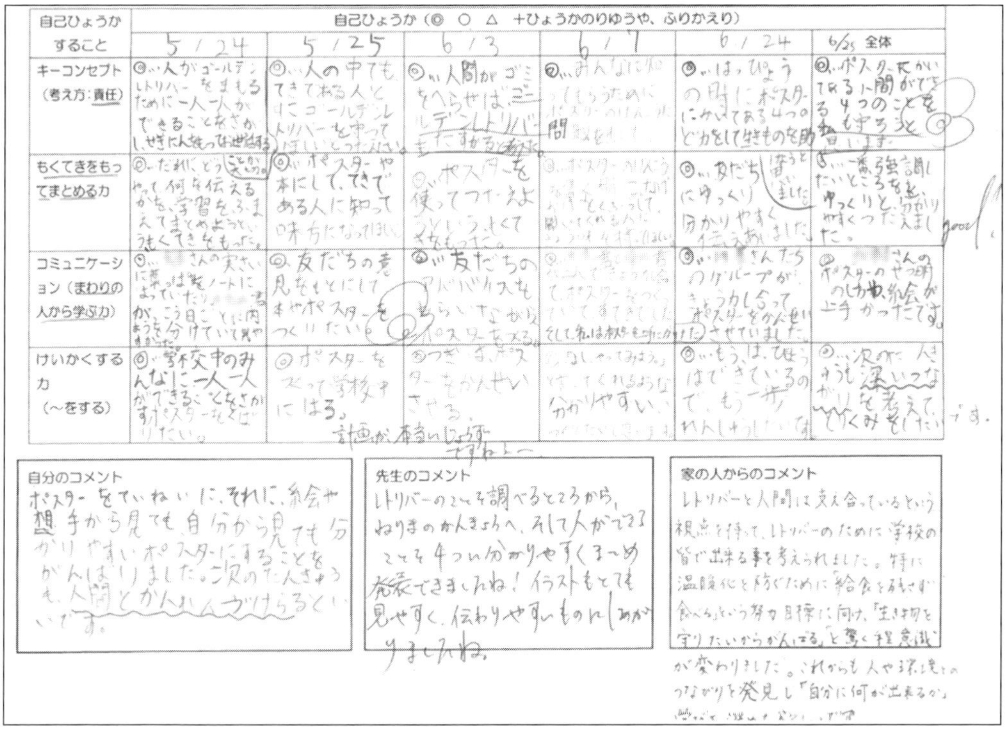

図4　自己評価シート

　この自己評価シートでは，特定概念や学び方のスキルの表現を3年生の児童にも分かりやすい言葉にしました。4つの項目を毎回の授業でどう使うことができたかを振り返り，◎，○，△などの記号と記述で記録できるようにしました。このように可視化することで，児童はこのユニットで何を意識していけばよいかが確認できます。ただ，毎時間，4観点の振り返りは負担が大きいと感じる児童には，特に頑張った項目だけ書くように促します。自分で判断し，焦点化して振り返ることができればよいのです。

　教師はこのような児童の振り返りに目を通し，次の学びへのフィードバックを行っていきます。特につまずいている様子が分かる児童に焦点をあてて，優先的にフィードバックすることも大切です。また，児童の振り返りや教師のフィードバックは保護者にも知らせ，評価の文化を共有することも重要です。保護者にもどのようなことに取り組んでいるのか，児童がどのように力を伸ばしていっているのかを知ってもらい，保護者の目線からフィードバックをしてもらうことは，児童にとってもたいへん有効な学びとなります。

6 児童の自己調整学習

自己評価から自己改善へ

　ＰＹＰにおける評価は，自己評価力を高め，学びへの情熱や動機を高め，自らの学習に責任をもてるようになることを目指しています。自分の評価に際して能動的な役割を果たすことで，児童は，自分がどのように考え，どのように学ぶのかを分析するようになります。そして，自己改善ができる人になることを目標に，まずは自己評価をする人から自己モニタリングする人へと成長していくのです[7]。また，自己評価は，自身の「知識」「概念的理解」「スキル」「学習者像」を見直し，評価し，自分の行動や計画を自己改善することにつながり，自己効力感の向上にも良い影響を与えます。

　児童の自己調整学習を支えるために，教師は可能な限りあらゆる時と場所において，児童が自己評価と自己モニタリングができる機会を設けます。機会を得る中で児童は試行錯誤しながらも自己調整することを覚え，内面化し，自己改善する能力を向上させていきます。

　『学習と指導』では，教師が行うこととして次の項目を挙げています[8]。

・児童の心身の健やかさに注意を払いながら，自己評価が前向きなエージェンシーや自己効力感につながるようにする。
・配慮の行き届いた具体的なフィードバックをタイミングよく提供することで，児童が行動に移せるようにする。
・成功を体験する機会を児童にもたらす。
・児童に挑戦するよう働きかけて，リスクをとり，学習を拡張するように促す。
・思い違いや誤解がある場合に児童にうまく働きかけて，自分で修正できるようにする。
・間違いを学習の機会としてとらえられるよう，児童をサポートする。

　これらは，児童が自立した学習者となるために大切なことです。自己調整学習を行う能力は生来の固定化された性質ではなく，学習を重ねていくことにより育まれていくのです。

フィードバックとフィードフォワード

　児童の振り返りと行動の機会をもたらすために，フィードバックとフィードフォワードは評価の中核を成すものです。その名の通り，フィードバックはこれまでの学習を振り返り，今どのような状態にあるのかを確認するものです。フィードフォワードは次にどこに向かうのかを

7　1同掲書　p.93
8　1同掲書　p.98

示すものです。

　フィードバックとフィードフォワードは，教師から児童へもたらされることもあれば，保護者から児童へもたらされることもあります。また，児童同士でもたらされることもあります。『学習と指導』では，児童同士でフィードバック，フィードフォワードを提供し合うことを重要な活動として位置づけています[9]。児童同士の人間関係が深まり学習の重要性をより理解できること，児童が自然に使う言葉でやり取りがなされる良さ，児童は仲間からのフィードバック，フィードフォワードの方が受け入れやすいことなどのメリットがあります。また，児童同士の相互評価によって，評価する側と評価される側の両面を経験でき，成長が促進されます。その際に互いの学習に対して敬意を払うこと，質の高い学習とはどのようなものかの共通認識を教師が指導していくことが重要です。

　児童同士でフィードバック，フィードフォワードを提供することは，小学校低学年であっても有効な活動です。私が1年生の担任をしていたときの事例を紹介します（表4）。

表4　小学1年生ユニット例

校種・学年	小学1年生
教科の枠をこえたテーマ	How We Express Ourselves 私たちはどのように自分を表現するのか アイデア，感情，自然，文化，信念，価値観の発見と表現
セントラルアイデア	自分の信念は様々な方法で表現することができる
特定概念	特徴　視点　原因
ATLスキル	思考スキル ・批判的思考　題材や資料の意味を考察する コミュニケーションスキル ・話す　有意義なフィードバックとフィードフォワードを提供し受け取る

　このユニットでは，児童は4つの学校目標から自分が大切にしたいものを1つ選び，自分なりの表現方法でその重要性を紹介しました。どの目標を選び，どのような表現方法をするかなど，いくつもの選択肢がある活動だったので，児童は「なぜ○○さんはこれを選んだのだろう」という問いももち，お互いに話を聞くことができました。また相手の選択の理由を知り，相手に簡単なフィードバック，フィードフォワードをすることができました。表現方法としてスピーチを選択し自分の考えを表現していた児童が，ポスターを作成していた仲間からのフィードバックをもらい，自分もポスターを作成し表現を発展させるという姿もありました。仲間同士のフィードバック，フィードフォワードは受け入れやすく，リスクを恐れず取り入れ，学びを発展させることにつながると実感した事例でした。

9　1同掲書　pp.106-107

ＩＢと日本の学校の評価

評価は，きっとこわくない

　学期の最後に通知表を渡す直前の，児童の緊張した表情。その子に見えやすい向きにして通知表を見せると，その子の目は目まぐるしく動き，そして，ほっと一息。「よかった，△がなくて」。これはもちろん限られた一例ですが，このようなシーンが目に浮かぶ方は多いのではないでしょうか（ときに△があると，涙ぐんでしまうような子も…）。

　この章のはじめにも書いたように，日本ではあまりにも，学習の評価（総括的評価）が幅を利かせているように思います。教師の頭の中にも，児童の頭の中にも，保護者の頭の中にも，です。評価ということを考えるときに，学習の評価（総括的評価）しか念頭になかったとしたら，それに一喜一憂するしか選択肢がなくなります。それは，誤解を恐れずに言えば，とても貧しい考え方ではないでしょうか。

　この章を執筆するにあたり，あらためて「学習の評価（総括的評価）」「学習のための評価（形成的評価）」「学習としての評価」の３種類の評価について学び，考える機会をもつことができました。その３つが念頭にあれば，評価という考え方はもっと豊かになります。教師の側で，この３つの評価が曖昧になっていると，児童や保護者への説明も曖昧になり，ときに誤解を招く原因となりかねません。

　児童たちは日々を生きています。うまく生きられる日もあれば，うまく生きられない日だってあります。そのどこか一点だけを切り取って判断する総括的評価だけで，児童の生きている日々を立体的に浮かび上がらせることはできません。

　だからこそ，児童の生きている日々の一点一点を繋げようとする形成的評価と，学習としての評価がＰＹＰでは重要視されているのだと思います。うまく生きられなかった一点を，汚点とする必要は全くなくて，間違いを学習の機会と捉えられる適切なフィードバック，フィードフォワードがあれば，それをより良く生きられる方向に繋げていけるはずです。それが，ある意味では，探究的に自分の人生を生きるということではないでしょうか。大人や児童という区切りはなく，みんな同じでしょう。

　教師は総括的評価だけにとらわれず，目の前の児童の今を，どんな未来に繋げるかという視点で評価を考えていく必要があるでしょう。そうすれば，きっと評価は，誰にとってもこわいものではなく，もっと大切なものになるはずです。ＰＹＰや日本の学習指導要領という区切りはなく，教育の理念はみんな同じでしょう。

第8章
学習コミュニティー

アオイ先生

探究の授業の作り方から評価の仕方まで分かってきました。
探究学習にチャレンジできそうです。
あと，何か気をつけておくことはありますか？

自信がついてきてよかったです。
でも，探究学習は，先生，一人の力だけではなく，
私たちの周りにある「場」や「人」の力を取り込むと，
もっと豊かになります。
「学習コミュニティー」についてお話ししましょう。

リサコ先生

▐1▌ 学習コミュニティーとは

学習コミュニティー＝学習環境

　「学習コミュニティーとはどんなものですか」と聞かれたとき，どのような光景を思いつきますか。きっと最初に思い浮かぶのは，学校，教室，校庭，図書室といった校舎の中での，学習者である児童と教える側である教員との関係や学習環境を思い浮かべることでしょう。しかし，児童の成長に関わるのは学校の中だけではありません。まず，家庭があり，家庭や学校を取り巻く地域があります。学習コミュニティーは，とても広い範囲の人たちで構成されるコミュニティーと考えてください。そして，児童を常に思いやる様々な人たちによって構成されているものなのです。

　学習コミュニティーとは，児童やその家族，学校の教職員，そして児童の生活に関わる大人たち，つまり，児童の学校生活に関わるすべての人々を含みます。また，学校内に限らず，児童が生活する地域コミュニティー，グローバルな国際的なコミュニティーもこの学習コミュニティーに含まれます。児童は，様々な人々と触れ合うことでより広い知識や経験を得ることができるのです。

　探究心をもち，様々なことにチャレンジする児童を育てていくためには，学校という環境，地域社会とのつながり，そして家庭との協力がとても大切です。

人々との関係を大切に平和な共生を目指そう

　本来，教育とは，人間らしさを大切にし，平和でより良い未来の社会を築く人々を育てることを目標にしています。教育とは，コミュニティーに所属する一人一人にそして全体に豊かさをもたらす社会的な取り組みです。そのためにも，一人一人がコミュニティーに良い変化をもたらし，貢献できる喜びを感じられる教育を目指していきましょう。ここでのコミュニティーは家族や友人といったミクロなレベルから，地域，国，世界といったマクロなレベルまでを含みます。いずれにしても，様々な人々との関わりを通して，お互いの信念や価値観を尊重し，平和に共生することを学習していくのです。児童一人一人のアイデンティティーが肯定され，他者へ共感する包容力を育み，効果的なコミュニケーションができるインクルーシブな学習コミュニティーを創っていきたいものです。そのためにも，効果的なチームワークと協働を重視する指導が必要です。児童同士のチームワークや協働を促すだけではなく，教師と児童，教師同士の協働関係，さらには，学校と保護者，学校と地域との協働関係からも学習の機会を創り出していきましょう。人と人との関わりが最も重要な学習コミュニティーと言えるでしょう。

② 教室という環境

教師の信念が反映される教室デザイン

　はじめに，白い紙を１枚準備してください。そしてみなさんの教室をスケッチしてみましょう。机や椅子はいくつありますか。机や椅子は同じ形ですか。黒板はどこにありますか。児童はどのようなスタイルで学習をしていますか。グループで活動をしていますか，それとも個人で学習していますか。教室ではどんな音が聞こえますか。児童の話し声，教師の声，鉛筆の音，時計の音，いろいろな音が聞こえるはずです。そこは，声（VOICE），選択（CHOICE），主体性（OWNERSHIP）からなる児童のエージェンシーが発揮できる教室でしょうか。その答えは決して一つではないはずです。

　『北風と太陽』というイソップ童話を読んだことがある方も多いと思います。北風と太陽が，どちらが旅人のコートを早く脱がせるかと競うお話です。この童話のメッセージは学校の教室にも当てはまるのではないでしょうか。太陽の温かさで旅人がコートを脱いでしまったように，児童が教室に入ったときに，気持ちが明るくなり，その日の授業を楽しみに思えるような環境をつくりたいものです。

　授業は，児童が意欲関心をもつ魅力的なユニットプランを準備するだけでは成立しません。児童自らが学びたいと思える環境を提供することも大切です。探究心は学習コミュニティーからも促されるのです。

　そこで，教室デザインのいくつかの案を紹介していきます。教室という環境づくりが今あるものでどのように可能か，まずは見ていきたいと思います。

バンコクのインターナショナルスクールの教室デザイン

写真1　教室前方

写真2　教室後方

写真3　教室奥

　こちらの写真は，バンコクの New International School of TAI の教室です。教室にはソファ，楕円形の大きめの机や四角い机，カーペットが配置されています。この教室で子どもたちは，一定の場所に座って学習するのではなく，自分が一番集中できる場所で学習するようにし

ています。ソファに座ってタスクをする子どももいれば，机を囲んでグループで話し合ってタスクをする子どももいます。要は時間内にその日のタスクを終えるために子ども自身が自分で学習場所を選択できるように環境を提供しているのです。

　四角い一人用の机も並べ方によって，活動のグループサイズを自由に構成することができます。コの字型のレイアウトにしてみたり，フィッシュボウル形式にしてみたり，様々な協働活動の形を創ることができます。子どもの中には一人で集中してタスクをしたいという子どももいるはずです。そういった子どものためにも，いくつか一人で活動できるように一人用の机を壁にくっつける形で準備をしておいてもよいと思います。

　床で子どもが座って学習ができるように，子どもに自宅から座布団を持ってきてもらうことも一つのアイデアだと思います。自分が床でワークをするときのためにマイクッションを教室に置いておくだけでも子どもはワクワクするかもしれません。子どもがすでに自分のクッションを自分の座席につけている学校も多くあるでしょう。床に座って学習をするときに，その自分専用のクッションを取り外して使うというのも一つの手です。

　子どもにどのようなものがあれば心地よい環境になるか，どのような教室のレイアウトであれば学習に集中できるかは，教師だけが考えるのではなく，子どもにも聞いてみるとよいでしょう。より意味のある学習空間が創れることでしょう。

日本のインターナショナルスクールの教室デザイン

写真4　教室全景　　　　　写真5　クールダウン　　　写真6　教室出入り口

　こちらはＡＩＣ国際学院京都校のＰＹＰクラスの教室です。教室全体の色調をモスグリーンと茶色の落ち着いた色でそろえたそうです。教室前面のホワイトボードの前に絨毯コーナーを設け，ソファから長机，棚と右側の出入り口の方に向けて少しずつ高さを高くして，安定感を出すデザインにしているそうです（写真4）。教室の一角には絨毯とクッションで児童が高ぶった感情をクールダウンできるコーナーを設けています（写真5）。写真6は教室の出入り口です。下校するときに，足跡のシールの上に並び，一人ずつ担任の先生と言葉を交わし，鏡を見てから教室を出るのだそうです。全身が写る鏡で自分の気持ちを確認して整えることに効果があるそうです。

日本の私学一条校の教室デザイン

写真7　教室前方

写真8　教室後方

写真9　教室全景

こちらは，英数学館小学校の中学年の教室です。教室の前方（写真7）と後方（写真8）です。教室前方の黒板の前にはグループ学習のための台形の机が配置されています。後ろの方には個別学習用の四角い机があります。児童は自分の椅子を移動させて学習スタイルを決めることができます。また，学級文庫の棚の前に絨毯コーナーが設定されていて，リラックスした読書ができます。写真9は低学年の教室です。絨毯コーナーは教室前のホワイトボードの前に設定されています。教師が全員に話をするときは，絨毯に集まって座って聞くスタイルなのでしょう。児童はそれぞれの探究活動に取り組んでおり，教師は巡回指導をしています。

写真10　探究モデル

　教室の環境づくりでは，壁を飾る掲示物も重要な要素の一つです。英数学館小学校ではすべての教室の前黒板の上に，扇型にデザインされた「探究モデル」が掲示されていました（写真10）。「導入→調べる→発見する→行動する」という探究の流れが示されています。児童は探究の単元（UOI）に取り組んでいるときに，どの段階なのかを確認できますし，次の展開で取り組むべきことを予測できます。時計の周りに7つの特定概念のカードを貼る工夫もありました

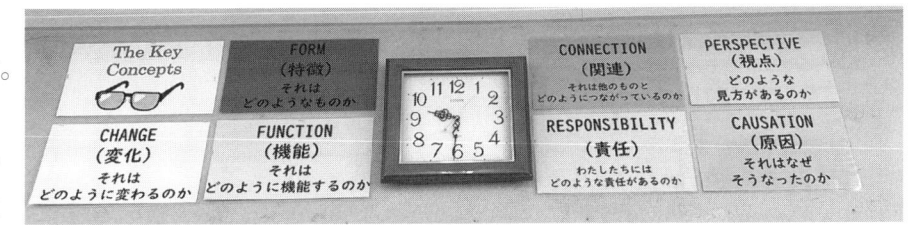

写真11　特定概念・カード

（写真11）。日常生活の中で自然に目に入り，他の科目の授業の内容や清掃活動などのときにも，特定概念に当てはめて考えることができるようになるでしょう。

写真12は，各クラスの作品を掲示してある様子です。児童にとって，自分の作品が掲示されることは誇らしいことです。自分のアイデンティティーが承認されていることを実感できること

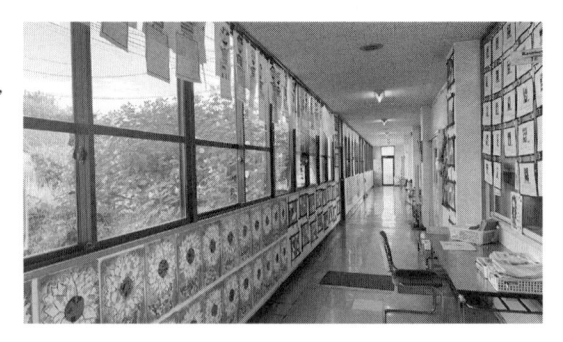

写真12　廊下の児童作品掲示

でしょう。また，他のクラスの作品を見合うことで，さらに学び合うことができるでしょう。

日本の一条校の教室デザイン

写真13　グループ活動

写真14　授業のまとめ

こちらは，東京学芸大学附属大泉小学校の阿木先生の教室です。1時間の授業の中でも，ディスカッションする場面では机をつけ（写真13），全体で班の話し合いの成果を共有して，活動のまとめをする場面では机を前に向けて，前の板書を見ています（写真14）。このように，一クラス35人の日本の一般的な教室でも，教室のデザインを工夫することができます。

写真15は，探究の単元（UOI）のセントラルアイデアと特定概念を黒板に貼り出している様子です。その探究の単元（UOI）に取り組んでいる間は，ずっとこの位置に貼っておきます。また，以前に取り組んだ探究テーマも写真16のように，教室の後ろの掲示板に貼り出しておきます。このような掲示によって，子どもたちは各単元の学びを概念で関連づけ体系立てて深く理解できるようになるのです。

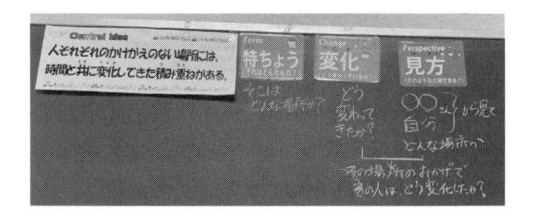

写真15　マグネットシート　板書提示

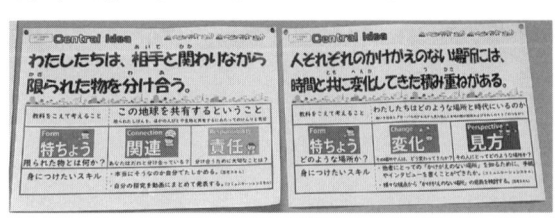

写真16　ユニットプランの掲示

3 図書室という環境

小さなコミュニティーが創られる図書室

　図書室は静かなところであるべきと思う方も多いことでしょう。しかし，実際のところ，小学校における図書室は静かな空間ではなく，児童の声が聞こえる素敵な場所であるべきなのです。児童が一緒に読書をし，互いにアイデアを共有します。一人で黙々と紙に絵を描き，自分の想像の世界を創り上げている児童の周りに徐々に仲間たちが参加してきます。図書室は，そういう小さなコミュニティーを創る場と考えましょう。教室という空間から移動し，図書室で授業をするのは，児童にとっても，そして教師にとってもいつもと違った空間での学びにとてもワクワクするものです。

　図書室は開かれたスペースであるべきなのです。読書に限らず，様々な目的で児童が足を運べる，運びたいと思える場所であるべきです。そして，その中で児童が自由に移動ができる空間にしていくことが理想です。

写真17　図書室全体の様子

　写真17は，図書室全体の様子です。児童が自分の目的で選択ができるように空間が準備されています。本棚はある一定の場所に設置してあるわけではなく，移動が可能な棚に入っています。そして児童の目線で本のタイトルが確認できる形ですべて置かれています。児童がリラックスして読書ができるスペースがあることも大切です。図書室のスペースの中に，絨毯のコーナーを設定し，クッションを置くとよいでしょう。

授業は司書の先生との協働設計で

　司書の先生は図書に関するプロです。クラスで扱うトピックについてどういった本や資料が入手可能か，相談に乗ってくださいます。そのためにも，各学年，クラスで取り組んでいる単元について把握してもらえるようにしましょう。学年単位でのミーティングに司書の先生をご招待し，学習内容について情報を共有することはとても大切です。また，ユニットプランナーや年間計画の資料を誰でも自由に閲覧できるように学校のポータル上で共有することもとても重要です。常に誰でも閲覧ができる形にしておくことで，教員間の情報のアップデートができます。インクルーシブな形で図書室の司書の先生にも協力をしてもらうことで，効率的な授業計画が立てられます。そして，児童のエージェンシーを意識した図書室の空間づくりにもつながります。教員同士の協働がとても重要なのです。

4 家庭という環境

保護者との協働

　保護者のほとんどの方はＰＹＰ校出身ではないでしょう。探究型の授業を体験したこともないでしょうから，不安を抱くこともあるでしょう。ですから，学校は保護者のみなさんと価値を共有するために，学校での取り組みやその意図，そして児童の学びの姿を保護者のみなさんにきめ細かく伝えていくことが重要です。なぜなら，価値を共有することによって，はじめて，家庭と学校の両輪で児童を支え育んでいくことができるからです。

　ここで，保護者とコミュニケーションを取れる機会について，紹介していきます。

・保護者会や保護者勉強会

　保護者会や保護者勉強会は，教師と保護者が価値について共に考える場です。学校の考え方を知るだけではなく，意見を交換したり，プログラムの構成を学んだり，協働設計したり，児童が授業で行っているような探究を実践したりすることもあります。多くの保護者はＰＹＰ校に子どもを通わせたい，という前向きな気持ちの方々ですから，理解しようとする姿勢をお持ちです。その姿勢に応えるべく工夫して伝えることが教師の役目でしょう。

・プレゼンテーションや展示

　授業参観以外にもプレゼンテーションや展示などを行います。児童の探究する姿やプレゼンテーション，作品を直接ご覧いただくことで，学びに対する理解のみならず教育の価値への理解を深められます。児童の創り上げたものを，保護者と教師が共に称賛する機会をたくさんもつことも，ＰＹＰでは大切なことと位置づけています。

・学習ジャーナルやポートフォリオ

　ＰＹＰでは，常に「振り返り」を意識的に行います。そのため，日々の学びの記録を取ったり，学びの軌跡としてポートフォリオを残したりします。記録を残すことで，児童は自らの学びを確認することができ，また次の課題を見つけることができます。そして，それらは児童の成長の記録であり，評価する際のエビデンスともなります。

・児童主導型面談（Student-Led Conferences）

　児童自ら，探究での学びを保護者に伝える面談です。児童主導型面談は，評価を下す場ではなく，学びの成果（児童の成長）を保護者と教師で共に称賛する機会です。そのような取り組みを重ねて，保護者の不安は徐々に希望へ変わっていくと考えています。

　また，保護者がゲストティーチャーとして自らの経験を児童に還元したり，フィールドワークにボランティアとして参加したりすることがあります。このように保護者が学校生活に積極的に関わることにより，学習コミュニティーがより豊かなものになるのです。

5 地域という環境

地域コミュニティーとのつながり

　ＩＢの目指す知識観は，構成主義というものです。これは教師が児童に知識を伝達することにとどまらず，児童自らが様々な体験を通して知識・理解を創り上げていくことを目指すものです。ですから，探究の学びは，学校の中で完結させるのではなく，地域コミュニティーにどんどん飛び出して発展させていくことを目指します。地域におられる魅力あふれる方々と触れ合う体験活動が，子どもの知識や理解をつくり出していくことを加速させます。

　このような活動は，生活科や総合的な学習の時間で，すでに多くの学校が地域と協働して価値のある取り組みを進めていることでしょう。ＰＹＰ校がそれ以上に特別なことを行っているというわけではありません。多くの学校で築かれている地域との良好な関係を，大切にしていく，ということが重要なのだと思います。

　ですが，前節の家庭との連携でも述べたように，ＰＹＰ校の取り組み，探究の学びを，地域の方々の多くは知りません。ご協力を仰ぐ際は必要に応じて，どのような趣旨の学びをしているのか，そこでどのように関わっていただきたいのかを，具体的に伝えていく必要があるでしょう。

探究的な学びが，地域の方々を動かす

　これは探究ユニットの授業を行っていて実感したことですが，児童の探究的な姿勢が，地域の方々の心を動かすことがたくさんあります。児童は，セントラルアイデアについて頭を捻って考え，特定概念を使って様々な見方を働かせて自分たちで探究していきます。その過程で，「ＩＢの学習者像」にある「探究する人，考える人，振り返りのできる人」に近づいていきます。そうすると，地域の方々と関わる際に，自分たちが考えてきたことと地域の方のお話を照らし合わせて，「うわぁ，そういうことかぁ！」「もっと教えてください！」と前のめりに傾聴する姿がたくさん見られます。また「これはどうなっているんですか？」「さっきのお話のこはどういうことですか？」と建設的な質問をどんどんするようになります。そのような児童の姿は，地域の方々の心を動かし，もっと伝えたい，これも教えてあげたい，と思ってくださることが多いです。地域の方々に「探究する姿，素敵ですね！」と児童の姿を認めていただけるのは，教師である我々の大きな喜びでもあります。学校全体としてそのような地域とのつながりを大切にし，単年での取り組みに終わらないように関係を継続させていけるとよいでしょう。

教師のエージェンシー

　教師として経験を重ねていくと，初めて教師として学校に来た日のことを忘れてしまいがちです。「授業が予定通りに進まない」「何かが違う」「こんなはずではなかった」。こういった気持ちをほとんどの教師が一度は経験したことがあると思います。しかし，時と共にこの思いも薄まっていってしまうものです。それなりに授業も流せるようになって，雑務に時間を削られ，「自分はなぜ教師になったのか」「目の前の子どもに何を伝えようとしていたのか」という，本当は考え続けなければならないことを，考える時間を後回しにしていきます。教師として，探究心をもち続け，日々をワクワクしながら子どもと同じ場所に立つ。それだけのことが，なかなか難しい状況です。

分からないことに，立ち向かう

　自分が安心できる環境というのは，とても大事です。大人も子どもも，不安で胸がいっぱいになってしまうと，体がうまく動きません。ですが安心できる環境を手に入れ，そこから一歩も出ないという選択をするとどうでしょう。自分の安心できる環境の外にあるかもしれない素晴らしいもの，驚くような発見から目を背け，今の環境が自分のベストだと思い込む。ときには自分で飛び出そうともしないのに，今いる環境に不平不満を言ってしまうことも。そのようなことを，子どもに望んでいる教師は，おそらく一人もいないのではないでしょうか。

　ここまでこの本で述べてきたことを，教師として実践しようとすることは，大きな挑戦でしょう。自分の安心できる場所から外へ，分からないことに立ち向かうということは，大きな不安を伴うことだと思います。ですが，それは必要なことです。

　分からないことに立ち向かうときに，私たちはこれまでの自分の当たり前を疑います。「なぜ授業でこのような助言をするのだろう」「この手立てで，本当に子どもは前に進むことができるのだろうか」…そういうことを，一つ一つ疑ったり，吟味し直したりすることになります。一人では辛いかもしれません。同僚が，一緒に考えてくれたり，「本当に今子どもたち，探究できてるかな？」「もっとこうしたら子どもが前のめりになるんじゃないかな？」と話し合ったりすることが，大きな勇気になります。

　「子どもたちもそうですが，まずは先生たちが探究する人であることが大切なのですね。」と，授業を参観しに来てくださった方から言われたことがあります。忘れられない，大切な言葉です。

　分からないことに立ち向かうことは，カッコ悪いことじゃない。大人の姿で，それを子どもに示し続けたい。教師としてできることは決して多くはないけれど，きっとそれは子どもに我々教師という存在が示せることだと，信じてみませんか。

第9章
探究の単元
（UOI）の授業

アオイ先生

探究の単元（UOI）にいよいよ取り組みたいのですが，授業を見学させてくださりそうな先輩の先生方を紹介していただけますか。

低学年の授業なら，タク先生のクラスを訪問してみてください。2年生と植物をテーマに生活科と国語と算数を融合した授業だそうです。夏野菜の栽培を通して，命の仕組みについて探究するようですよ。

中学年では，シンヤ先生が子どもたちと素敵な単元にチャレンジしています。図形，ダンス，作文の活動から，図工やデザインなど自由に創造性を発揮して，対話で発展する創造性について探究するそうです。

リサコ先生

高学年では，チカ先生が5年生の子どもたちと「価値観」について，いろいろな側面から探究しています。伝記や身近な人の生き方，動物園のあり方や捕鯨に関する問題から価値観を考え，自分自身の価値観との出合いを考えていくと伺いました。

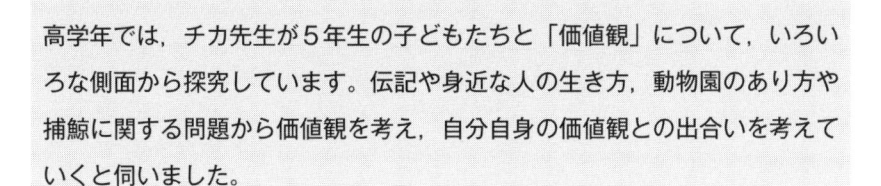

1 命の仕組みから導く概念的理解
―生活科を軸とした教科横断の視点から―

1 ユニットプランナー

教科の枠をこえたテーマ
世界はどのような仕組みになっているのか　　How the World Works
セントラルアイデア
植物には大切な命があり，命をつなぐためにちえを使う
探究の流れ
植物の成長をささえる機能　（機能）
植物の変化と仲間を増やすために使うちえ　（変化）
植物がちえを使う理由と仕組み　（原因）
ATL スキル
リサーチスキル：情報リテラシー　データの収集および記録 　　観察したことを，絵，メモ，図，数量，文章，画像とその注釈を使って記録する。 自己管理スキル：心の状態　粘り強さ 　　植物の命に対して責任をもち，粘り強く栽培や観察を続け，課題に取り組む。
総括的評価課題
「やさいのちえ」（説明文） 　　自分の育てた野菜について，「たんぽぽの　ちえ」の説明文構造を使って説明文を書く。

2 ユニットのねらい

　2年生になると，生活科の学習で夏野菜の栽培活動を行う学校が多いと思います。生活科の目標は，野菜の成長の様子や変化に関心をもち，それぞれの野菜に合った育て方があることや野菜の成長に気づくとともに，野菜に親しみをもって大切にしようとする態度を育てることです。すなわち，この単元を通して，理科的な気づきから知識や思考を深め，生命を大切にする情動的な部分の育ちも求められます。ただ，育てる野菜を決め，育て方を調べ，世話をしながら観察するというプロセスは，"与えられた学び"になりがちです。その結果，私自身の経験では，水やりをしなくなったり，観察が疎かになったりする児童が見られました。そこで，本ユニットでは，教科をこえた学びの中で，国語教材を使って導入を工夫し，夏野菜の栽培が，

子どもたちにとって学ぶ意味や価値があり，解決すべき "自分自身の問題" になることを目指して設計しました。

3 ユニットの流れ

第1次　Tuning In 学習への動機づけとセントラルアイデアの共有 （10時間）	●説明文「たんぽぽの　ちえ」の読解をもとに，すべての植物は仲間を増やすためのちえを使うのかという探究課題（セントラルアイデア）を設定する。
第2次　Finding Out 植物のちえを確かめるための観察・調査 （15時間）	●植物のちえを確かめるために，夏野菜の栽培を行う。 ・植える野菜を決定する。 ・植え方，育て方を調査する。 ・観察の方法を確認する。 ●観察を続けながら，変化を確かめ，それに関わる植物のちえについて調査を進める。 ・観察結果を継続的に記録する。 ・植物のつくりや種ができる仕組みについて調べる。
第3次　Sorting Out 学びの整理と概念的理解の構築 （6時間）	●仲間を増やすためのちえについて確かめる。 ・それぞれの野菜のちえについて共通点を見つける。 ・セントラルアイデアの言い換え
第4次　Going Further 概念的理解の活用・発揮 （3時間）	●他の植物のちえについて探る。 ※4年生が育てていたツルレイシの実がなっているのを発見し，種のゆくえについて観察した。
第5次　Making Conclusions 総括的評価課題 （6時間）	●分かったことを説明文にまとめる。 ・総括的評価課題（説明文作成）に取り組む。
第6次　Taking Action 学びの継続 （3時間）	●まだ確かめていない植物についてちえを確かめる計画を立てる。 ・冬野菜の栽培計画

4 学習活動の展開

(1)ユニットの導入（学習への動機づけ）

　導入は，ユニットが成功するかどうかに大きく影響します。導入によって，子どもたちの学びに対する動機づけをし，子どもたち自身が解決しなければならない問題にしてあげることが大切です。

　はじめに，タンポポの写真を2枚見せました。1枚目は綿毛のみの写真，2枚目は綿毛と花が混在している写真です。2枚目を見せてから，子どもたちに気がついたことを出してもらいました。いろいろな気づきが出されますが，注目すべき点を決めておきました。それは，綿毛の方が花よりも背が高いことです。なぜ，綿毛の方が背が高いのだろう。この疑問に対し，子どもたちに予想を出

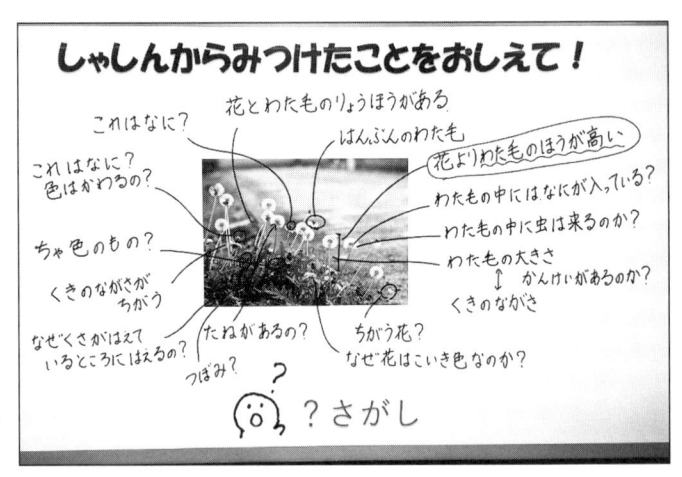

写真1　導入：写真から読み取った疑問と問題設定

してもらった後で，『こくご　2上』（光村図書）に掲載されている「たんぽぽの　ちえ」を範読し，背が高い理由を探させました。綿毛に風が良く当たるように背を高くすることを読み取った後，本当にそうなのか，みんなで外に出て確かめました。

　その後，もう一度説明文のタイトルに着目し，"ちえ"というキーワードに着目しました。そして，他にどんなちえを使っていたのか，そして，タンポポは何のためにちえを使うのかを，説明文の読解を通して読み取っていきました。学習の結果，タンポポは，仲間を増やすためにちえを使うことを読み取りました。説明文の読解の授業では，総括的評価課題で同じ型を使って説明文を書くことを計画していたので，段落の役割，順序を表す言葉などについて学びました。

　タンポポのちえについて解釈した後，1年生で育てたアサガオについて，仲間を増やすためにどんなちえを使っていたのかという視点で振り返り，他の植物も仲間を増やすためのちえを使うのかというユニット全体を貫く問いを考えました。そこで，「植物には大切な命があり，命をつなぐためにちえを使う」というセントラルアイデアを提示・共有し，他の植物もみんなそうなのか，確かめてみることにしました。

⑵野菜の栽培活動（ちえを探るための観察と調査）

　仲間を増やすための植物のちえを確かめるという目的をもって，子どもたちは夏野菜の栽培を行うことになりました。それぞれの野菜について調査をしたのち，自分の育てる野菜を決めました。キュウリ，ミニトマト，ピーマン，オクラ，ナスの5種類の中から，子どもたちは育てたいものをそれぞれが選択しました。そして，野菜の種類ごとに5つのチームを形成し，栽培活動にチームで取り組むことにしました。

　「たんぽぽの　ちえ」の学習から，子どもたちは，仲間を増やす＝種を育てて飛ばすことであると捉えていました。そして，説明文で，ちえが時系列で書かれていることから，野菜も種まきをするまでに，いくつかのちえを使うのではないかという予想を立てました。そこで，植物の特徴を捉え，成長と変化を追うことでちえを見つけられるのではないかと考え，定期的に観察カードに記録するとともに，タブレットを使って変化や気づきを写真に残していくことにしました。子どもたちと話し合い，毎週木曜日に観察カードを書くことに決めました。観察の方法については，国語の「かんさつ名人に　なろう」という単元の学習を使って，見る視点を子どもたちと確認し，成長や変化を確認できたことに注目して記録することとしました。

写真2　育てる野菜について調べたことの記録

　育て方については，教師から一切指示することはしませんでした。水やりの仕方や支柱の立て方など，子どもたちは調べたことをホワイトボードに書き，それに従って世話をしていました。教師は必要なものを揃えたり，アドバイスをしたり，高い位置の支柱を立てることを手伝

ったりすることのみにしました。

　また，自分たちの育てている野菜以外の植物にも興味をもち始めた児童がいたため，他の植物について調べたことを書くスペースも設けて，調査から分かったことをその都度発表してもらうようにしました。さらに，絵本などを使って理解を深めるためのリーディングの授業では，司書教諭に『わたしたちのたねまき―たねをめぐる　いのちのおはなし―』（のら書店　キャスリン・O・ガルブレイス作　ウェンディ・アンダスン・ハルバリン絵　梨本香歩訳　2017年）という絵本を読んでもらい，種まきという言葉に注目するのと同時に，植物によって種まきの方法が違うことを知りました。司書教諭の提案で，カエデの種のモデルを作り，回転しながら遠くに飛ぶ様子を確かめてみることもしました。

⑶ 観察の継続と植物のつくりや種のでき方の探究

　子どもたちは，ちえを探しながら成長や変化を探し続けました。観察を続けていくことで，さらに必要なことを自分たちで発見していきます。観察の方法として，草丈や葉の大きさを客観的に記録するために長さを表す方法を知ることが必要だということになり，算数では長さの学習をし，実際の観察という学びの文脈で長さを測ったり記録したりすることで，算数の学習にも価値をもつことができました。探究のスタート時には，ナスには種がないのではないかと考えた児童もいたため，種の観察は行いませんでしたが，自分たちで調査した結果どの植物にも種があることが分かった時点で，実際の種を観察してみました。種を観察したことで，どこかに必ずこの種ができるはずだという観察を続けました。観察カードを書くのは木曜日と決めていましたが，その他の日にはタブレットを持って行って，見つけた変化を写真に撮って記録する子も多くいました。

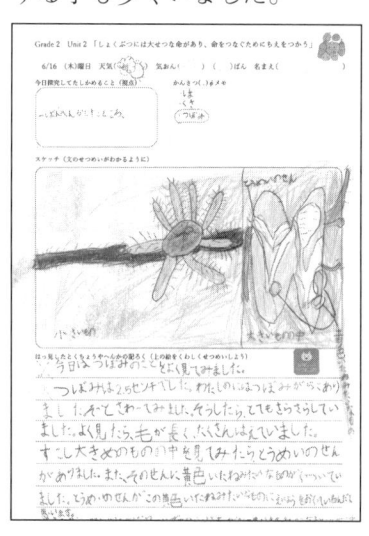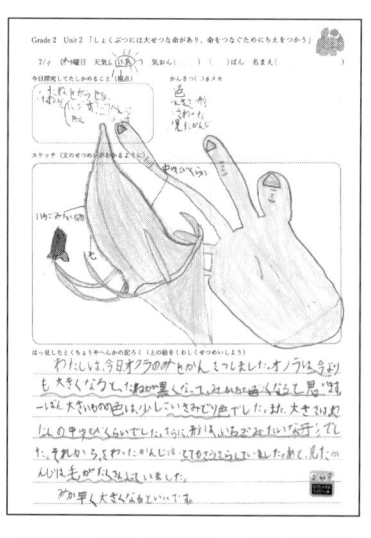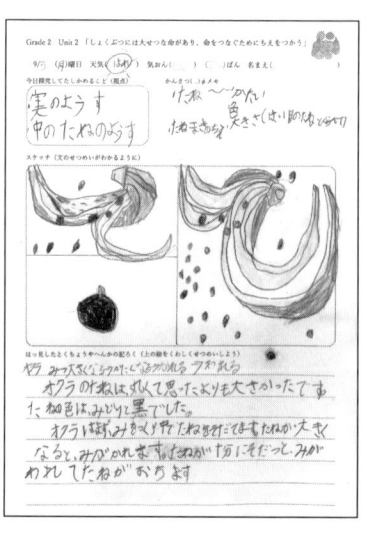

写真3　児童の観察カードの記録例

　6月後半になると，野菜は花が咲き，花が枯れた後に実ができ始めます。この頃になると，

子どもたちは，ちえという視点からすべての成長や変化を捉えるようになっていました。葉や茎に毛が生えていることや，花を咲かせること，花の色などもちえの一つなのではないかと考えるようになりました。黄色や白の花が多いことに気づき，昆虫にとって黄色や白が見やすい色だということを調査から知ったり，花が咲いて実ができるためには昆虫の力を借りて授粉する必要があることを知り，キュウリの花に来ていたハチの動きをみんなで観察したりしました。これらの探究から，植物には，種ができるまでのよく考えられた仕組みが存在すると考えるようになりました。調査の結果，花が咲いた後に実ができ，実が熟して種ができるという説明にたどり着きましたが，実とは何なのか，熟すとはどういうことなのかといった新たな問いが出てきました。

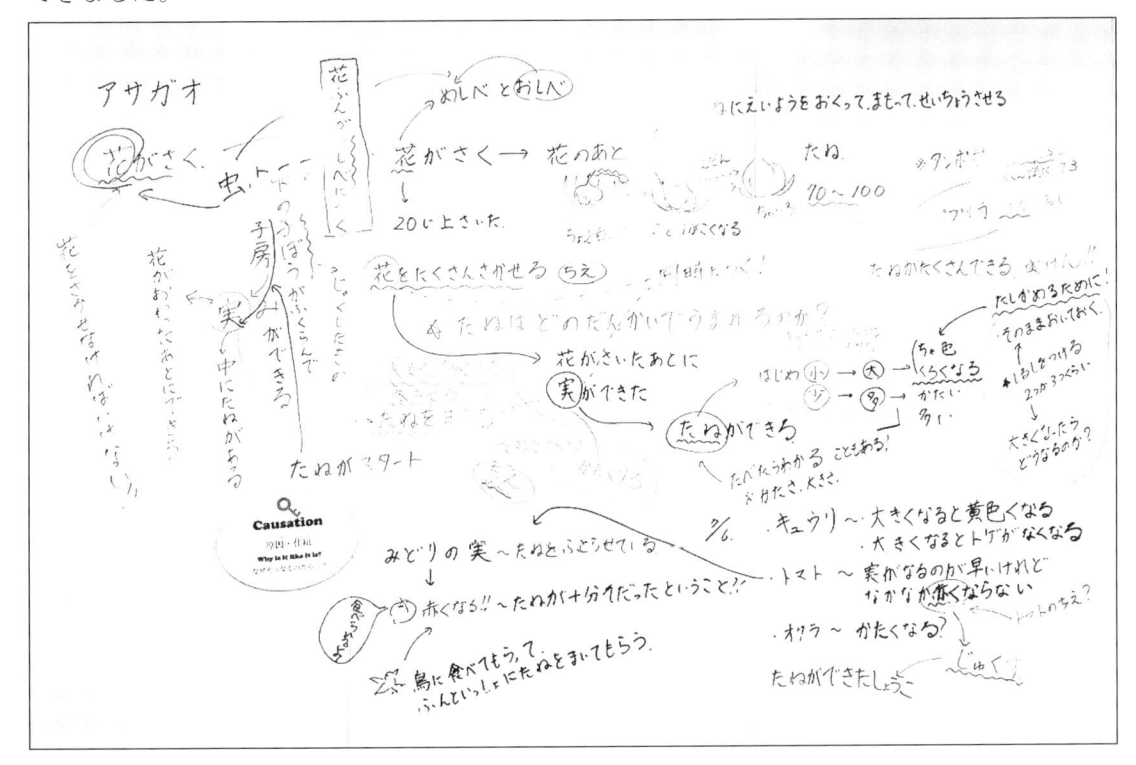

写真4　観察や研究から分かったことの整理

　そこで，観察を続けてきたことを一度振り返り，何が分かっているのか，何が分からなければいけないのかを整理しました。種はどの段階で生まれるのかを中心の問いにおき，実の役割，実が熟すとはどうなることなのか，実の色が変わる秘密などを確かめました。花粉，おしべ，めしべ，子房といった理科的な言葉を確かめたのと同時に，実が熟すということは，種が発芽できる状態になって，命をつなぐ準備ができた状態であると理解しました。

　夏休み前の段階で，ミニトマトやキュウリは実が熟し，種まきの方法を確認することができましたが，その他の野菜はまだ実ができた段階で，種まきの様子を確認することができませんでした。そこで，子どもたちと話し合い，夏休み明けまで探究を継続することにしました。夏

休みの間は，教師から定期的に野菜の様子を情報共有アプリで配信しました。

　夏休みが明け，9月にはすべての野菜が種を作り，種まきの様子を観察することができました。観察の結果，植物はみな仲間を増やすためのちえを使うのかという問いに対して，野菜の種まきの様子を証拠として結論にたどり着くことができました。

(4)概念的理解の構築（セントラルアイデアの理解から）

　探究の結果から，それぞれの野菜の種まきまでの変化を振り返り，相違点と共通点をまとめました。このときに大切なのが共通する部分であり，共通項から概念としての理解に進みます。すなわち，いくつかの種まきの方法があることを知った上で，違う方法を取りながらもそれぞれの野菜がちえを使って種まきをすることの意味を考えました。子どもたちはこれまでの学びの結果から，たくさんの種を作り，それを様々な方法でまくことによって発芽率を上げなければならないと考え，植物の使う最大のちえは，一粒の種からたくさんの種を作ることであると結論づけました。

　そこで，セントラルアイデアに戻り，自分の言葉で言い換えをしました。教師からは，概念としての理解であることを意識するために，主語を「植物」とするように伝えました。また，子どもたちには，このユニットで分かったことを保護者にどうやって伝えたら分かりやすいだろうかと問いかけ，言い換えの目的をもてるようにしました。これは，聞き手がいるということを意識させることで，客観的に自分の文章を作成，修正することができると考えたからです。

> ## セントラルアイデアのりかい
> 「しょくぶつにはたいせつな命があり、
> 　命をつなぐためにちえをつかう」
> ↓
> ## わたしのりかいは…
>
> すべてのしょくぶつには、つぎのせだいがそだつように、たくさんのたねをつくりつづけます。しかし、すべてのたねがそだつとはかぎりません。そしてすこしでも多くそだつように、いろいろなほうほうでたねをまきます。そのために、しょくぶつは、ちえをつかいます。

図1　セントラルアイデアの理解の例

　言い換えには，二段階で取り組みました。1回目に書いたものをクラス全員で共有し，何を書かなければいけないのか，どんな言葉が必要かといったことをクラス全体で話し合いました。その後，友達の意見や考えを取り入れながら1回目の文章を修正し，2回目の文章を完成させました。この概念的理解として作成した文章を，総括的評価課題の終わりの段落に結論として書くこととしました。

(5)総括的評価課題（説明文の作成）

　総括的評価課題は，「○○のちえ」という説明文を書くことを設定しました。○○には，自

分の育てた野菜を入れ，観察カードに記録してきたことをもとに，「たんぽぽの　ちえ」の型を使って，理解したことを説明文にしました。この課題では，国語の知識・技能（段落構成，接続語の使い方等），概念的理解，リサーチスキルを発揮したか（写真の選び方や，観察カードの文章による記録を活用できたか），自己管理スキルを発揮できたか（粘り強く課題に取り組む）といった，このユニットの学びすべてを用いて取り組みました。

　子どもたちには，評価項目と期待される段階を示し，それに従って下書きをしてから，自分で振り返り，訂正をして，清書し，最後の見直しをして提出するように伝えました。

　説明文を読む学習は１年生からしてきましたが，説明文を書く活動は，子どもたちにとって初めての学習でした。当然，難しさを感じる子もい

表1　総括的評価課題のルーブリック

Rubric / Criteria	A	B	C
・段落構成 はじめ（１段落），中（４段落），おわり（１段落）の６段落で構成されている。	６段落で構成している。	５段落，もしくは７段落で構成している。	それ以外の段落数になっている。
・時を表す言葉 時を表す言葉を使って，時系列に沿って書かれている。	１〜５段落のすべてに時を表す言葉を使っている。	５段落のうち４段落で時を表す言葉を使っている。	５段落のうち３段落以下でしか時を表す言葉を使っていない。
・中の段落の構成 具体的な成長や変化を書いた文と，それがどのようなちえにつながるのかを書いた文が書かれている。	中の段落すべてで，具体的な成長や変化を書いた文と，ちえを書いた文の２文を書いている。	４段落のうち２段落で，具体的な成長や変化を書いた文と，ちえを書いた文の２文を書いている。	４段落のうち１段落で，具体的な成長や変化を書いた文と，ちえを書いた文の２文を書いているか，もしくは書いていない。
・セントラルアイデアの理解 大切な命・命をつなぐということ・そのためのちえの３観点について，自分が理解したことがおわりの段落に書かれている。	３観点すべてについて，理解したことを書いている。	３観点のうち２観点について，理解したことを書いている。	３観点のうち１観点について，理解したことを書いているか，理解したことを書いていない。

写真5　児童の総括的評価課題例の一部

ましたので，まずワークシートを使って作文メモを作ってから，下書き，清書という順序で学習を進めました。１週間かけてこの課題に取り組みました。出来上がった説明文に対して子どもたちの満足感が非常に高く，担任以外の先生や保護者にも読んでもらいたいという声が多く聞かれました。

5　ユニットの成果と課題

　本ユニットは，教科の学びを生かし，教科の学びを使って導入を図り，学習に対して子どもたちを学びに動機づけ，ユニットが終わるまで，また終わってからも学びに責任をもって関わり続けることを目指しました。教科横断の視点からユニットとして設計することで，すべての学びは子どもたちにとって意味や価値のあるものになります。それぞれの教科で学ぶことでは，なぜその学びをしているのか，その学びは何につながるのかが見えにくくなります。そして，そこからは主体的に学びに向かう態度は生まれにくいと考えます。本ユニットは生活科の単元を軸において設計しましたが，優れた生活科や総合的な学習の時間の実践は，その学習に対して子どもたちが意味や価値を感じ，常に転移の可能性を探りながら，学習のエージェントとなって取り組むことができるしかけがあるのです。

　本ユニットのしかけは，タンポポの写真からちえにつながる問いをもたせたこと，そこからちえをキーワードにして，国語教材の学習に意味をもたせたことです。こうすることで，説明文の読解に対して，問いをもって学習することができましたし，その後に続く野菜の栽培活動にも価値をもつことができました。その結果，野菜の栽培活動は，与えられた学びではなく，自分自身の学びとして，問題を解決するための大切な調査活動となったわけです。子どもたちと学びを深めていく中で，種まきの方法を確認するまで分からないという考えが出てきたのも，学びに対して主体的に取り組んでいた結果であると考えられます。総括的評価課題の取り組みも含め，子どもたちの多くが学習に対して最後まで主体的に取り組んでくれたこと，そして，学びをさらに広げようとしてくれたことが，本ユニットの成果であると考えます。

　また，夏野菜を育てる活動は，探究のプロセスにおいて問題解決のために用いられるトピックであるということを，子どもたちが常に意識できるようにしました。つまり，野菜の栽培が目的ではなく，野菜の栽培を通して概念的理解にたどり着くことがゴールであるということを共有しながら学習を進めたわけです。

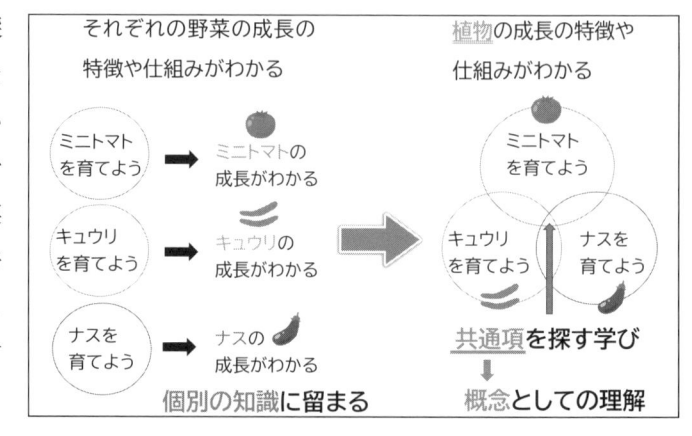

図2　トピックの学びと概念の学び

　野菜の栽培を行うことで，ミニトマトを育てた子はミニトマトの成長や変化についてよく分かるでしょう。同じように，キュウリを育てた子はキュウリの成長や変化を，ナスを育てた子はナスの成長や変化を捉えるでしょう。結果として，それぞれの野菜のちえについても確認することができるでしょう。しかし，これではそれぞれの野菜個別の知識にとどまってしまいます。野菜を選び観察しながら育てる学習は同じですが，野菜を育てることを概念的理解のためのトピックとして扱うことで，学び

の深さが変わります。ベン図に示すように，それぞれの野菜の理解の共通項を探す学びにシフトすることで，野菜個別ではなく，植物の成長のパターンや変化，成長の仕組みなどに気づくことができます。つまり，知識を結び合わせたり比較したりすることを，他者と協働しながら学ぶことで，ベン図の重なりの部分を概念として理解することが可能になるわけです。

　ＰＹＰの探究は，教科のない学びと誤解されますが，これは教科の学びをしないということではなく，すべての教科の学びが，そのときのユニットの概念的理解の構築につながる学びであるということです。つまり，教科の垣根なく学ぶことで，教科の学びが概念的理解の足場となるということです。そこで，本ユニットは，図3に示した通り，生活科を軸に，国語，算数の学びがセントラルアイデアの理解に向かうように設計しました。すなわち，セントラルアイデアはベン図の重なった部分に存在し，どの教科の学びも概念的理解を支える大切な学

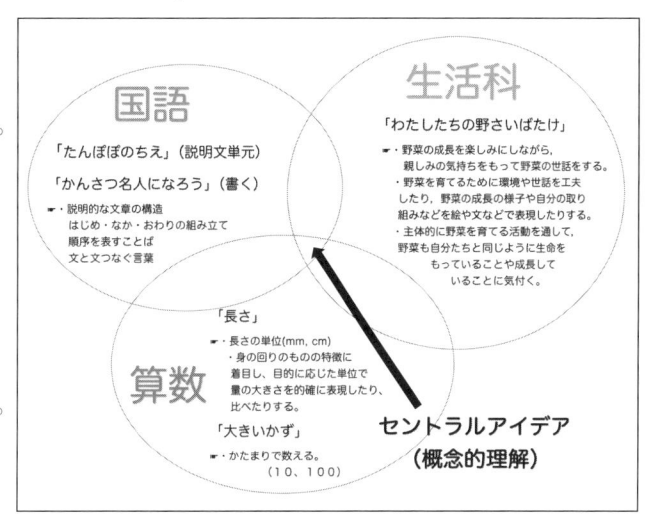

図3　概念的理解を導く教科の枠をこえた学び

びであるわけです。こうすることで，それぞれの教科の学びに対して子どもたちは意味や価値を感じながら学ぶことができ，結果として教科で学ぶべき知識・技能の習得にもつながると考えています。

【課題】

　課題としては，栽培をメインとした場合のユニットの計画の立てにくさがあります。野菜の種類によって成長に違いがあり，植える時期や収穫の時期を子どもたちと調べてから決定したのですが，植える畑の土壌や気象条件によりずれが生じます。また，同じ野菜でも種類によって違うこともあります。夏休み前に種まきの様子を確認できるという計画でスタートしましたが，結果として夏休みを挟んだ形になってしまったため，野菜の選択やユニットのスタートの時期等を考える必要があります。また，タンポポと夏野菜をトピックとして用いて，植物のライフサイクルについて概念的理解にたどり着きましたが，さらに関心の広がりや探究の余地をもたせることができるような環境を設定することも必要だと感じました。次のユニットに移行すると，植物に興味をもって観察を続ける子が減ってしまったことは大きな課題です。せっかく生まれた子どもたちの探究の芽をしっかりと育てていくための，継続した教師の関わりや環境の設定など，私たち教師自身がエージェンシーをもって子どもの学びに関わることが求められます。

2 対話で発展する創造性

1 ユニットプランナー

教科の枠をこえたテーマ
私たちはどのように自分を表現するのか　　How We Express Ourselves
セントラルアイデア
創造性は，自分や他者との対話の中で発展する
探究の流れ
創造性の発展　（変化） 自己や他者との対話が創造性に与える影響　（機能） 創造性を発展させる対話の選択　（視点）
ATL スキル
思考スキル：斬新なアイデアを発想するスキル 　【創造的思考】（既存の物を組み合わせる，必要性から生み出す，相手に合わせてカスタマイズする 　　等の方法で，創造性を高める思考） コミュニケーションスキル：有意義な評価や助言を提供したり受け取ったりするスキル 　【情報交換】（互いの創造的な取り組みに対して，「創造性があるかどうか」や「より創造性が高ま 　　るにはどうすればよいか」といった観点で意見を伝え合う姿）
総括的評価課題
・今回のユニットで取り組んだ，模様作り，短作文作り，創作ダンス，自由選択素材の活動といった 　創造的な活動の中からいくつかを取り上げて，自分が「創造性」をどのようなことと捉え，どのよ 　うな物を創造したのかを，同じ学年の友達や保護者に向けて，対面にて4分間で発表する。 ・また，その過程でどのように創造性が高まっていったのかについてや，そこに友達からの評価や意 　見がどのように関係していたのかについても発表する。

2 ユニットのねらい

　新しい生活や社会を構築していく際には，現在ある課題を解決していかなければなりません。そのためには，既存の手法や発想にはない創造的な思考が重要になります。

　本ユニットでは，創造するとは何かについて概念的に理解を深め，創造したりその創造性を

発展させたりするためには何が必要なのかを考えていきます。議論の軸として，「創造性とはどのようなことなのか」「創造したことが本当に斬新なアイデアや新たな価値であるかどうかは，創造した本人の納得によって決まるのか，それとも他者からの評価によって決まるのか」といった論点を設定し，ユニットを展開します。

　今後の人生や自身が生きる社会をより豊かに発展させていくために必要な，新たな価値を生み出すことのできる資質や能力を児童に育成していきたいと思い，本ユニットを設定しました。

3　ユニットの流れ

第1次　Tuning In 「創造性」の導入と 模様作りの活動 （6時間）	●「創造性」とはどのようなことなのか話し合う。 ●コンパスを活用した模様作りを行う。 ●クラスの友達が描いた模様に創造性があるのかを話し合う。 ●自身が描いた模様をクラスの友達から評価してもらう。 ●他者からの評価と自身の納得を比較し，自身の模様を修正する。
第2次　Finding Out 「秋を感じること」の短作文作り の活動 （5時間）	●「秋を感じること」についてイラスト付きの短作文を書く。（下書き） ●下書きをクラスの友達に見せて創造性の観点から評価をもらう。 ●友達の評価を参考にするかどうか考えた上で短作文を完成させる。 ●創造性を発展させるために何が大切なのかについて自分の考えを書く。
第3次　Sorting Out 創作ダンスの活動 （5時間）	●自身が設定したテーマに沿って創作ダンス作りに取り組む。 　※同じテーマを選択した児童同士で4名程度のグループを組む。 ●中間発表会を行い創造性の観点で他のグループからの評価を得る。 ●他のグループからの評価を参考にするか考えた上でダンスを完成させる。
第4次　Going Further 自由選択素材についての 創造的活動 （11時間）	●自身が選択した素材や対象について創造的な活動に取り組む。 　※素材対象の例：お笑い，ダンス，折り紙，手品，模型・工作，料理，仮想の国や組織，まんがイラスト，ファッション ●中間発表会を行い創造性の観点で他者からの評価を得る。 ●他者からの評価を参考にするか考えた上で自身の創作を完成させる。
第5次　Making Conclusions 　　　　Taking Action 「創造性発表会」と ユニットの振り返り （15時間）	●「創造性発表会」の準備と練習を行う。 ●「創造性発表会」を行う。 　※体育館に15か所の発表ブースを設定し一人が4分間の発表を行う。 ・自身が創造したこととその創造性が発展していった経緯を発表する。 ・創造性の発展には自身と他者と，どちらの評価が大切かを発表する。 ●今回の「創造性」の学習で大切だと思ったことを記述する。

4 学習活動の展開

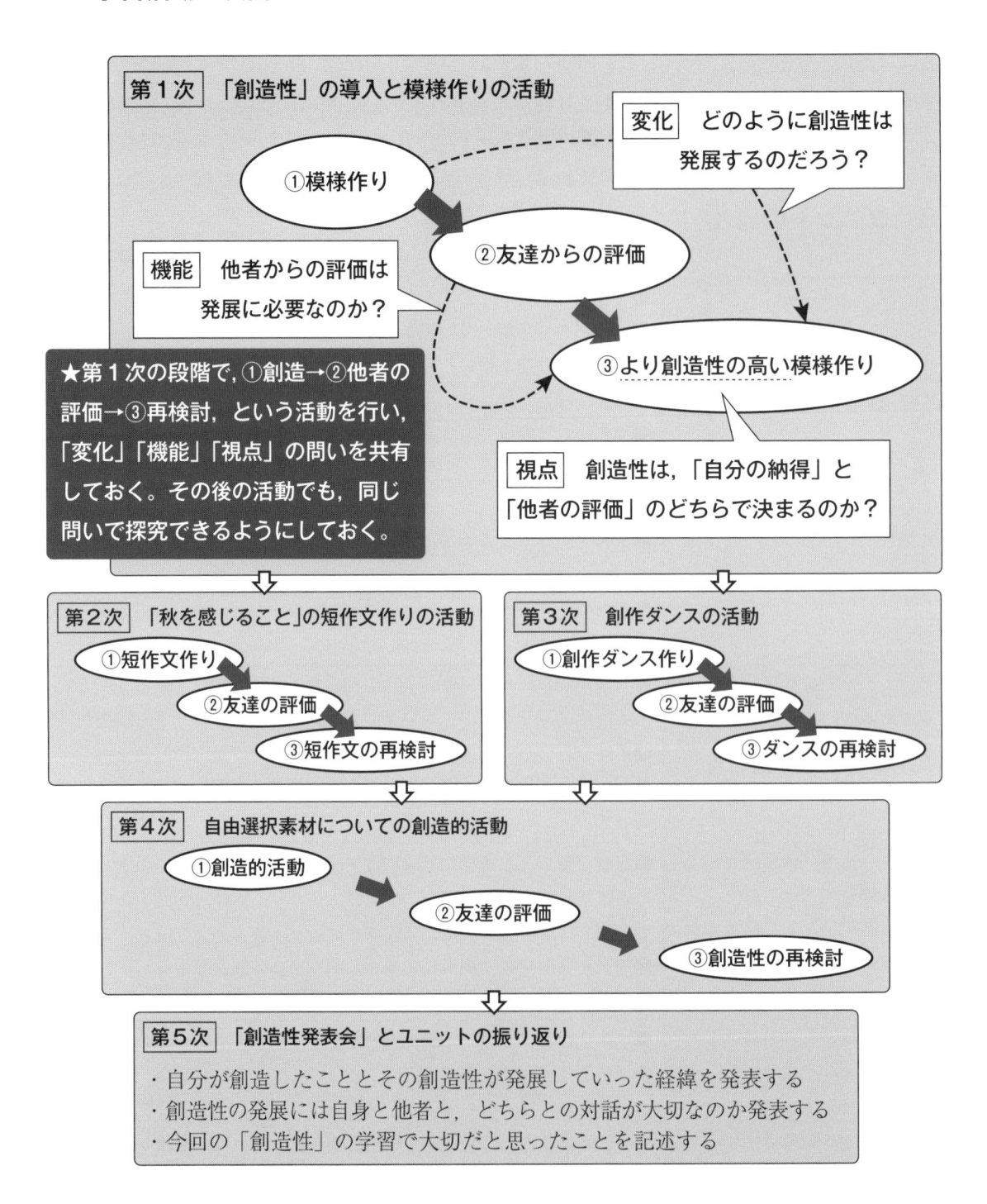

第1次 「創造性」の導入と模様作りの活動

変化 どのように創造性は発展するのだろう？

①模様作り

②友達からの評価

機能 他者からの評価は発展に必要なのか？

③より創造性の高い模様作り

★第1次の段階で，①創造→②他者の評価→③再検討，という活動を行い，「変化」「機能」「視点」の問いを共有しておく。その後の活動でも，同じ問いで探究できるようにしておく。

視点 創造性は，「自分の納得」と「他者の評価」のどちらで決まるのか？

第2次 「秋を感じること」の短作文作りの活動

①短作文作り

②友達の評価

③短作文の再検討

第3次 創作ダンスの活動

①創作ダンス作り

②友達の評価

③ダンスの再検討

第4次 自由選択素材についての創造的活動

①創造的活動

②友達の評価

③創造性の再検討

第5次 「創造性発表会」とユニットの振り返り

・自分が創造したこととその創造性が発展していった経緯を発表する
・創造性の発展には自身と他者と，どちらとの対話が大切なのか発表する
・今回の「創造性」の学習で大切だと思ったことを記述する

(1)第1次：「創造性」の導入と模様作りの活動

①創造性とは何かを考える話し合い

　ユニットの最初の時間に，「創造性」という言葉がセントラルアイデアに含まれていることを伝え，「創造性」とは何かについて話し合います。児童からは，「何かを作っていく感じ」「今までにないものを生み出すこと」「失敗をいかして生み出すこと」「作ると言うよりは発明」といった解釈が出されました。「プラモデルを説明書通りに作ることに創造性はないけれど，国語の教科書に載っている物語にオリジナルの台詞を付け足して作ったクラスの劇係の劇は創作だと思う。」という具体的な事象を例に出して意見を述べる児童もいました。

②友達の作った模様が創造性のあるものなのかどうかを評価する活動

　算数で取り組んだコンパスを使った模様作り活動を発展させ，自分で考えた模様作りの活動に取り組みます。その後，児童が作った特徴的な模様を10人分選び，操作できるようにカードに印刷して児童全員に配付します。

Ｂ　自分のオリジナルを組み合わせる
★創造できる①自分のオリジナルのもようを組み合わせる。②いろいろな形をとにかくごちゃまぜにしてみる。
★創造できない①同じことを考えてやっている人と，かさなってしまうかも。②もう書いたことがある人が，いるかもしれない。③もともとある形で作っているから（丸，三角，四角）…などです。

図1　児童作成のカード1

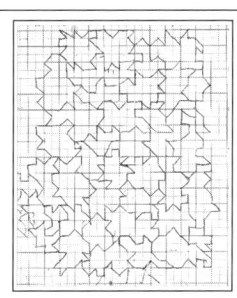

Ｆ　○を何個もくっつけたもようは，創造じゃないと思います。なぜなら，○はもともと発明されていて，ただそれをつなげただけだからです。

図2　児童作成のカード2

　そのカードを，「創造している」←→「創造していない」が印刷された画用紙の上に配置していきます。最後に，「創造するとはどのようなことなのか？」について自身の意見を記述します。

★2名の対立する考えを取り上げ，今後の探究の論点としていく。

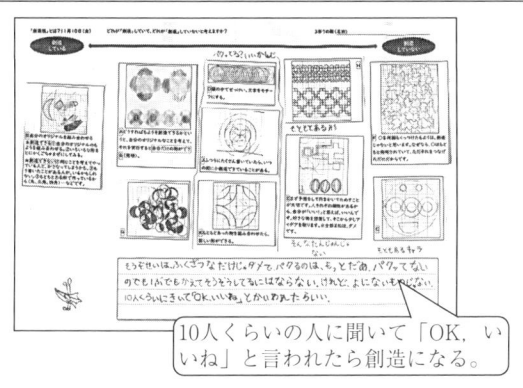

10人くらいの人に聞いて「OK，いいね」と言われたら創造になる。

図3　カードを配置した画用紙1

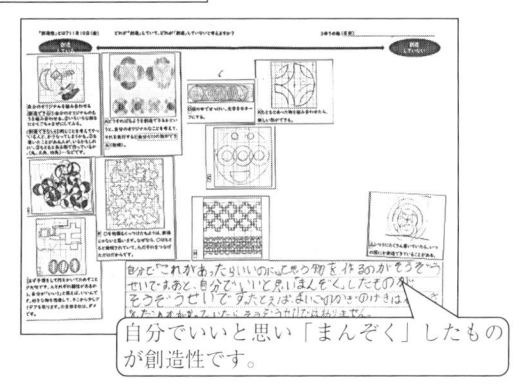

自分でいいと思い「まんぞく」したものが創造性です。

図4　カードを配置した画用紙2

実際の教室では，「10人くらいの人に聞いて『OK，いいね』と言われたら創造になる。」という意見と，「自分でいいと思い『まんぞく』したものが創造性です。」という対立する意見が出されました。教師は，これを探究の論点として取り上げました。

③自分が創造した模様について友達からの評価を得る活動

　はじめに自分が作った模様について，友達にコメントを書いてもらう活動を行います。コメントを書く観点は，①「この模様は創造なのか？」と②「どうすれば創造性が高まるか？」の2つです。

【模様作りの活動の流れ】

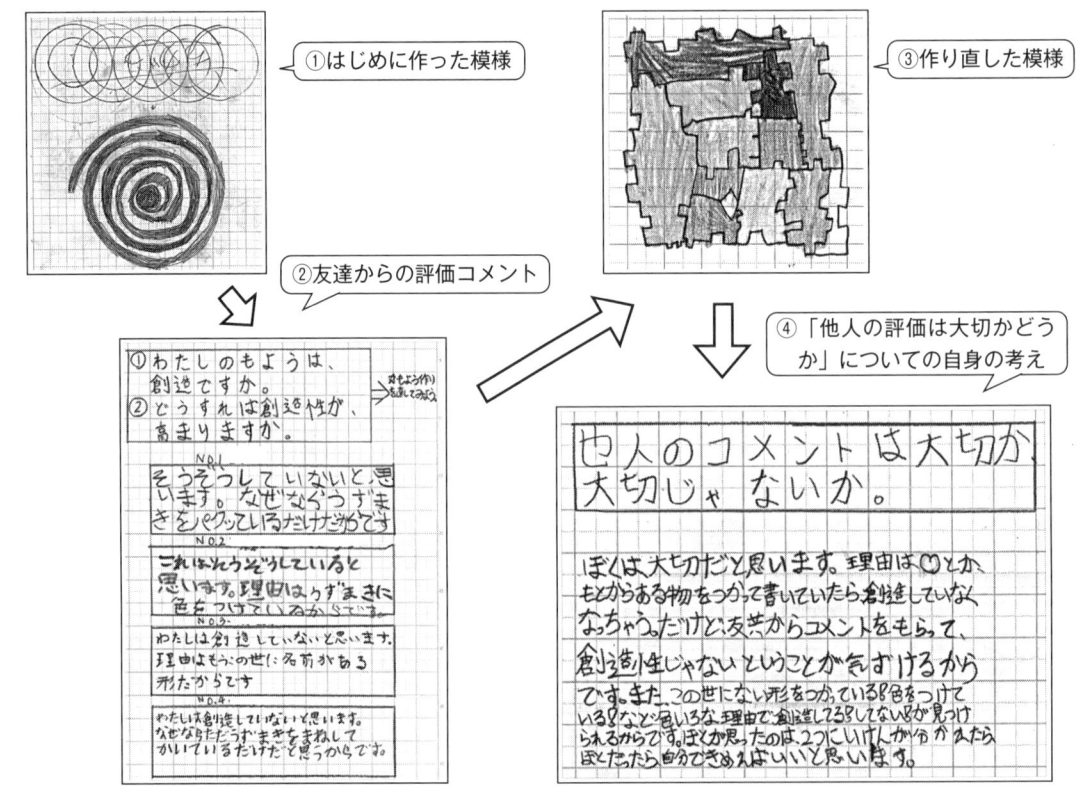

①はじめに作った模様
②友達からの評価コメント
③作り直した模様
④「他人の評価は大切かどうか」についての自身の考え

　友達からは，「この模様は創造だと思う。」という評価もあれば，「これは創造とは言えない。」といった評価もありました。ほぼ全員の児童が自身の模様を作り直していましたが，友達からの評価コメントを非常に頼りにしていた児童もいれば，あまり気にしないで自分なりに創造性を発展させていた児童もいました。最後に「他人からの意見や評価は，どれくらい大切なのか？　本当に大切なのか？」という観点で書いた学習感想にも，他者からの評価を重視する児童と自身の納得の方を重視する児童とが存在していました。

　第1次の段階で，「創造したことが本当に斬新なアイデアや新たな価値であるかどうかは，創造した本人の納得によって決まるのか，それとも他者からの評価によって決まるのか」という論点を明確に生み出すことができました。

(2)第2次：「秋を感じること」の短作文作りの活動
① 「秋を感じる短作文」の下書きを書く活動

　1学期の春と夏に自分が書いた「季節の短作文」を読み返し，その短作文に創造性があるかどうかクラスで意見を出し合います。模様作りとは異なり，書き手の感覚や思い出が含まれた作品に対して，そこに創造性があるのかを考えさせる意図があります。

図5　短作文の作品例

　実際の教室では，「創造性はないです。」「桜やプールは元々ある物だから，それを書いても何も生み出していないから。」といった，素材対象が他者の生み出したものであるために短作文の作者は何も生み出していないという意見が一部の児童から出ました。しかし大半の児童は短作文に創造性があると考え，「その人が感じたことは，他の誰とも同じではない。」「気持ちを作り出したのは自分だから。」と意見を述べていました。その話し合いを行った後に，児童は「秋を感じる短作文」の下書きを書きました。

②下書きについて友達の評価を得てから自身の短作文の清書を行う活動

　模様作り活動の際と同様に短作文の下書きを8人程度の友達に読んでもらい，「創造性があるのか？」「さらに創造性が発展するにはどうすればよいのか？」の観点で友達からコメントをもらいます。その後，自身の短作文の清書を行います。

　教室での実際のコメントは，「これは創造だと思う。自分の感じた気持ちが書いてあるから。」といった創造性があると考えるコメントと，「これは創造ではない。だれでも，どんぐりから秋を感じるから。」といった創造性がないというコメントの両方がありました。

③短作文の活動を振り返って「創造性とはどのようなことなのか？」について考える活動

　清書を終えた後，「右の写真のような短作文に創造性はあるのか？」について話し合いを行いました。「自分や友達の短作文は，自分の感じた気持ちが書いてあるから創造性がある。」と考えていた児童の半数が，「この『アイス』の短作文には創造性はない。誰でも感じることだから。」と意見を述べました。それに対して，「いや，この短作文だって書いた人が感じたことを書いたのだから，創造性はあるでしょう。」と考える児童もいて，大きな議論となりました。

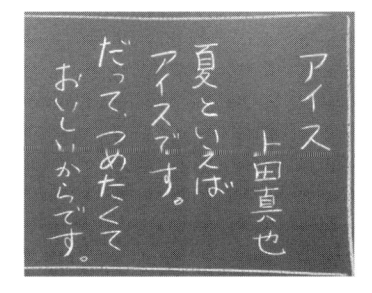

写真1　黒板に教師が書いた例文

(3)第3次：創作ダンスの活動
①自身が設定したテーマに沿って創作ダンス作りに取り組む活動

　創作ダンス作りの活動では，同じテーマを選択した児童同士で4名程度のグループを組んでダンスの振り付けや演出を考えます。40秒程度の「よさこいソーラン」の曲を教師が決め，そ

の曲を聴いて表現したいテーマを決めます。

　実際の教室では，「炎」「筋肉」「絆」「走る馬」「闘い」「情熱」「台風」「忍者」「ドラゴン」「神」の10グループが生まれ，創作ダンス作りに取り組みました。曲に合わせて振り付けを考えるだけでなく，旗や花びら等の小道具を用意したり，模造紙で背景を描いたりといった工夫も見られました。

②中間発表会を行い創造性の観点で他のグループからの評価を得る活動

　中間発表会を行い，創造性の観点で他のグループからの評価を得る活動を行います。自分のグループ以外のすべてのグループにコメントを書き，後日，他のグループからのコメントが届けられます。

　実際の教室では，発表されたダンスについてのコメントのほとんどが，「創造性があるよ！」とした上で，より表現したいテーマに迫るためのアドバイスの書かれたものでした。しかし，中には「創造性が感じられなかった。」とするコメントもありました。どこかで見た動きの組み合わせの振り付けについては，創造性がないと考える児童も存在しました。

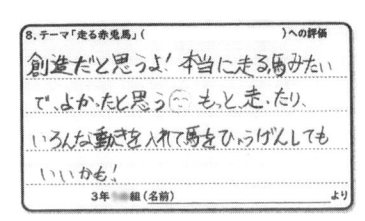

図6　児童のコメント例1　　　図7　児童のコメント例2

③他のグループからの評価を参考にするか考えた上でダンスを完成させる活動

　他のグループからのコメントを読み，自分たちのダンスの動きやその他の工夫を再検討する活動を行います。特に，「創造性はあまりない。」という評価のコメントを受けたグループは，その評価をどう受け止めるのか検討しなければいけません。

写真2　ダンスを創作中の児童

　実際の教室では，この創作ダンスについて，他のグループからの評価に影響を受けているグループは多くありませんでした。「創造性はあまりない。」という評価を受けても，当初の自分たちの構想をあまり変更せずにダンスを創作していたグループがほとんどでした。

(4)第4次：自由選択素材についての創造的活動

①自身が選択した素材や対象について創造的な活動に取り組む

　これまでの，模様作り，短作文作り，創作ダンスの活動を通して，児童は「創造性とはどのようなものか」について自分なりの考えをもっています。この自分なりの「創造性」に沿って，自由に素材や対象を選択し，創造的な活動に取り組むことになります。

　実際の教室では，「この世にない物を生み出したら創造になる。」「自分が『好き』な物を生み出すことができたら，それが創造。」「組み合わせて新しい物を生み出せば創造。」「誰かを幸

せにする道具ができたら創造になる。」といったように，クラスにいる31人の中にも，いくつかの考え方がありました。

　児童が選択した素材，対象は，次のようなものになりました。

　・空想の鉄道会社…３人　・チャボがよく食べるエサ…１人　・すごろく…４人
　・オリジナルキャラクター人形…４人　・創作物語…６人　・創作漢字…３人
　・手品…１人　・創作料理…５人　・ロゴデザイン…１人　・ヘアスタイル…１人
　・Ｔシャツ…２人

　すぐに素材，対象が決まり，創作活動に取り組むことのできる児童もいれば，なかなか決められずに１週間が経過してしまう児童もいました。また，素材，対象を決めながら，自分が考える「創造性」の定義を再検討する姿もありました。

②中間発表会を行い創造性の観点で他者からの評価を得る

　自由選択の創造的活動に取り組んで６時間程度が経過した時点で，中間発表会を行います。クラスの全員に向けて，①「『創造性』をどのように定義したのか。」②「創造的活動で何に取り組んでいるのか。」の２点を１〜２分間程度で発表します。発表を聞いている児童は，①「その活動に『創造性』があるのか。」②「どうすればより創造性が高まるのか。」の２点についてコメントします。コメントは，担任が設定したWeb上のアプリに入力します。翌日には，自分へのコメントが集約された物が担任より配付されます。

③他者からの評価を参考にするか考えた上で自身の創作を完成させる

　児童は，中間発表会で得た友達からの評価コメントを読み，自身の創造的活動をより創造性の高いものへと発展させていきます。児童は，それぞれに異なる「創造性」の定義を自身で形成しているので，友達の創造的活動に「創造性」があると評価する児童もいれば，「創造性」はないと評価する児童もいます。また，児童によっては発表者の定義した「創造性」に沿ってコメントすることもあるでしょう。実際の教室では，中間発表会で得た友達からの評価コメントは，次のような形でそれぞれの児童に配付しました。

名前	㉚●●さんの発表へのコメント
14より	僕は創造性だと思いますなぜなら新しい物を生んでいるからです。
24より	創造性だと思うよ。理由は、自分が創造性だと思うなら良いと思います。
22より	みんなが思い付かない食べ物を作ったから、創造じゃない？
13より	創造性はあると思います。
10より	創造だと思うよ。なぜならなかにトマトなどを入れているからだよ。
23より	卵焼きに、他の食べ物を入れるのは、　●●さんのオリジナルだと思うので、創造だと思います。
4より	オリジナルの卵焼きしかもライト兄弟のように思いがあってこその考えかただから創造だと思うよ。
16より	創造だと思うけど…、なぜなら、レストランで卵焼きに明太子を入れてるところがあったからだよ。だけど、もしそれを知らなかったら創造だね☺
2より	創造は少しだけあると思います。何故なら元々あるものを合わせて作っているからです。そして自分でレシピを考えていたからです。

図8　児童に配付した評価コメント一覧

友達からのコメントを参考に，より創造性が高まるように工夫を加えたり創作の方向を再検討したりする児童もいましたが，自身の活動をあまり変えずに継続する児童も少なくありませんでした。

⑸第5次：「創造性発表会」とユニットの振り返り

①「創造性発表会」の準備と練習を行う

　「創造性発表会」では，体育館に15か所の発表ブースを設定し，一人が４分間の発表を行います。４分間の発表時間枠を６回設けることで，学年の90人全員が５人程度の聞き手の前で発表することができます。これを再度繰り返し12回の時間枠を設けることで，一人２回の発表機会を設定することができます。一般的には体育館で15台の大型モニターを準備することは難しいので，児童は画用紙に書いたフリップを作成し，それを見せながら発表を行います。

　実際の発表準備では，児童は画用紙15枚程度に自身の発表をまとめていました。

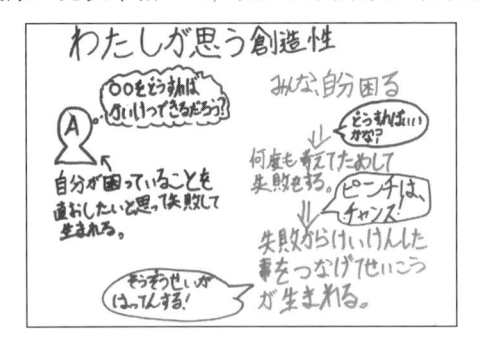

図9　児童の発表画用紙１　　　　　　　図10　児童の発表画用紙２

②「創造性発表会」を行う

　「創造性発表会」では，学年の90人が４分間の発表を一人２回行います。

　実際の発表会には，児童の保護者も招待し，多くの参観者の前で発表することができました。参観者が「感想カード」に感想を書き，発表者に渡すという取り組みも行い，創造的活動そのものについてだ

写真3　「創造性発表会」の様子

けでなく，４分間の発表に対しての評価も得ることができました。

③今回の「創造性」の学習で大切だと思ったことを記述する

　発表会後には，学習感想を書く活動を行います。このユニットを通して，それぞれの児童が何を学んだのか，どのような概念的理解を形成したのかを，児童自身が自覚したり，教師が見取ったりすることのできる活動です。児童は，「今回の『創造性』の学習で大切だと思ったことは何か？」という問いに沿って学習感想を書きます。

　実際の教室では，「創造性を生んだり高めたりするために大切になること」について記述し

ているにとどまる児童もいれば,「創造性の発展には自身との対話と他者との対話のどちらが大切になるのか」についてまで言及している児童もいるなど様々でした。

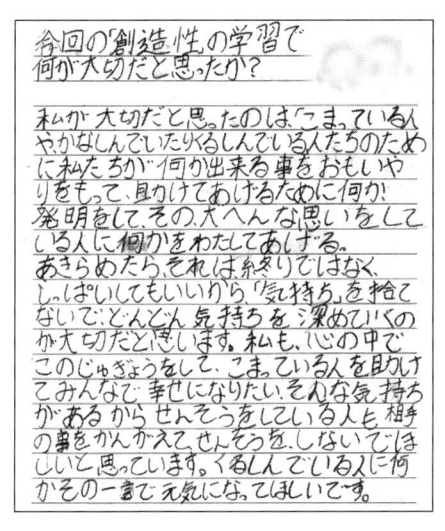

今回の「創造性」の学習で
何が大切だと思ったか？

私が大切だと思ったのは「こまっている人
やかなしんでいたりくるしんでいる人たちのため
に私たちが何か出来る事をおもいや
りをもって、助けてあげるために何か
発明をして、その、大へんな思いをして
いる人に何かをわたしてあげる。
あきらめたら、それは終りではなく、
しっぱいしてもいいから、「気持ち」を捨て
ないで、どんどん気持ちを深めていくの
が大切だと思います。私も、心の中で
このじゅぎょうをして、こまっている人を助けて
てみんなで幸せになりたい。そんな気持ち
があるからせんそうをしている人も、相手
の事をかんがえて、せんそうを、しないでほ
しいと思っています。くるしんでいる人に何
かその一言で元気になってほしいです。

図11　児童の学習感想１

このじゅぎょうで大切だと思ったことは
自分で考えるや考えるが大切だと思いました
考えをあきらめてむだにしないことや
たしゃのいけんをいれるいれないを考えたりすることではないか。
ぜんぶ人のいけんで考えるんではなくて、一人でも考えてみるのも
大切だと、思いました。「あい手はこの考えだからぼくも
こうしよう」ではなくて「あいてはこうならぼくはこう」とか、
あいてと、いっしょにするんではなくて、考えをオリジナルに
したりしたほうがいいと、思いました。
みんなこうゆう考で自分だけちがう考えでも、みんなの考えに
かえないこと。自分で考えたことをじっこうして、あきらめず
やりきることが大切だと思いました。とにかく作ってみても、
そうぞうになると、考えて、作ってみることも、大切だと、思いました。
自分だけで考えるんではなくて、たしゃの考えも聞いてみることも大切だと、
思いました。やっぱり「セントラルアイディア」が何より大切だと、
思いました。

図12　児童の学習感想２

5　ユニットの成果と課題

【成果】

ユニットの展開で,有効だったポイントは,①「議論が起きる問いの設定」②「体験的な創造活動の複数設定」③「自由選択素材による個の探究活動の設定」の３点です。「創造性とは何か」「他者からの評価は大切か」という問いはクラスの中に異なる考えを生み,その議論によって児童の考えは何度も再検討の必要に迫られました。そして,模様作り,短作文,創作ダンスと,体験的な創造活動が複数設定されていることで,再検討の機会を複数回設けることができました。さらに,自由な素材,対象についての創造的活動を設定することで,様々な特性の創造的活動の中から自分が考える創造性に合った活動を選ぶことができ,深い興味関心の中で概念的理解を深めることができました。児童に悩ませ,議論させることで主体的に探究していく意欲を生み,その機会を複数回設定することで概念的理解を形成させることができました。

【課題】

本ユニットでは,児童が自分の考えや論理を自分の言葉で語ることを,概念的理解の一つの表れとして捉え,大切にしました。その分,「議論が起きる問いの設定」や「体験的な創造活動の複数設定」など,教師側が学習活動の展開を設定することが多く,児童自身が問いや活動を設定する機会が少なくなりました。年間で６ユニットが設定されているので,教師が問いを設定して児童が自分の考えを深く形成することを重視したユニットと,児童自身が問いや活動を設定することを重視したユニットが,偏りなく設定された年間計画が大切になると考えます。

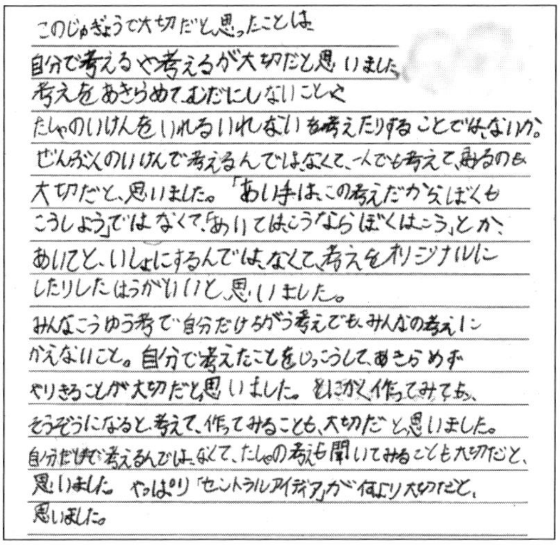

3 多様な価値観との出合いから自己を育む

1 ユニットプランナー

教科の枠をこえたテーマ
私たちは誰なのか　　Who We Are（価値観と信念）
セントラルアイデア
異なる価値観との出合いが，自己の成長を促す
探究の流れ
自己と他者の価値観　（特徴） 価値観との出合い　（視点） 成長する自分　（関連）
ATL スキル
思考スキル：メタ認知のスキル 　　自分自身，そして他者がどのように考えるのかに関して（価値観について）分析したり考えたりする。学んだことを統合し，関係性を見出したり，新たな考えを導き出したりする。 リサーチスキル：情報リテラシースキル（データの収集および記録，評価およびコミュニケーション） 　　情報を集める際にメモなどを取りながら記録する。集めたデータをグラフや図表などの理解しやすい形に整理する。
総括的評価課題
・探究を通して「過去〜現在の自分」あるいは「現在〜未来の自分」のいずれかをコラージュで表現する。 ・作品には解説文を添え，クラスの仲間と作品鑑賞会を行う。

2 ユニットのねらい

　本ユニットでは，以下のことを理解することを目標としました。
　・価値観は人それぞれであり，多様である。
　・今，違和感のある価値観の相違も，それが将来的に自己の成長につながる可能性がある。
　・「異なる価値観との出合い」を「価値」にするかどうかは自分次第である。

・異なる価値観について「知る」ことが，成長への第一歩になる。

　児童一人一人の人生や彼らが生きる未来に多様性を認め合い，豊かな社会を作り出せるようになるために，多様な価値観を認識し，自己の成長の糧にしていけるようになることを期待して，本ユニットを設定しました。

3　ユニットの流れ

第1次　Tuning In 「価値観」イメージマップと 　ＩＢの学習者像ベスト3 （5時間）	●「価値観」という言葉のイメージマップを作る。 ●「ＩＢの学習者像」のBEST3を決める。 ●選んだ理由を交流する。 ●人それぞれの価値観があることを確認する。
第2次　Finding Out 「やなせたかし」の 　価値観ポスター作り （7時間）	●伝記からやなせたかしの価値観を考える。 ●それに対して自分はどんな価値観をもっているのか，考える。 ●価値観はどこから探れるのか考える。 ●上記のことをまとめ，やなせたかしの価値観ポスターを制作する。 ●自分が選択した人物の考え方や価値観を調べ，自分に引き寄せて比較し，ポスターを制作する。 ●ポスターを共有し，価値観とは何か，考える。
第3次　Sorting Out 異なる価値観との出合い （3時間）	●「動物園の動物は幸せか否か」について話し合いを行う。 ●話し合いの後の振り返りを行う。 ●価値観をもつには根拠が必要であることに気づく。
第4次　Going Further 「捕鯨問題」についての調査活動 （10時間）	●「捕鯨問題」の概要を知る。 ●「捕鯨問題」について図書館で調べる。 ●調べ学習を通して，自分の考えた立場をまとめる。 ●考えの共通点・相違点を話し合い，自分の考えをまとめる。
第5次　Making Conclusions 「自己の成長」探究インタビュー （5時間）	●自己の成長を見てきた人にインタビューをする。 ●過去の自分の考えや心が分かるもの（日記・作文など）を振り返る。 ●「自己の成長」を探究し，情報をまとめる。
第6次　Taking Action 「価値観」の概念形成 （2時間）	●友達の「自己の成長」探究情報を聞き合い，「価値観と自己の成長」についての概念形成を行う。

4 学習活動の展開

⑴探究の流れ1：自己と他者の価値観を知る

①オリエンテーション

　まず児童と「価値観」という言葉からどんなことを思い浮かべるかイメージマップ作りからスタートしました。これは，それぞれの児童がもっている知識を確認し，探究していくための土台を作るためです。児童からは「変化するもの」「価値を表すもの」「自分だけのもの」「考え方」「見方」「感じ方」「捉え方」など様々なものが出ましたが，一番多かったのは「人それぞれ」というものでした。頭ではなんとなく理解しているものの，児童の普段の生活を見ていると，自分の「当たり前」を尺度に物事の良し悪しを判断しがちです。実感の伴った理解へと深め，その後の行動の変容につながるように指導していこうと，改めてねらいを明確にしました。

　そこでまず，児童に「本当に人それぞれなのかな？」と少し揺さぶりをかけるため，「ＩＢが掲げている『ＩＢの学習者像』の中で今の自分が重要視するBEST３を決め，共有し合おう」という学習活動を設定しました。共有を終えた児童からは「選んでいるものも理由も違って面白かった。」「自分の得意なところを伸ばしたいと思って選んでいる人もいれば，苦手なところを克服したいと思って選んでいる人もいて，選び方も違った。」「同じものを選んでいても，理由が全く違った。」「人の意見を聞くと，なるほどと思ったり，考えが変わったりした。」など様々な気づきが出されました。

②「価値観」を探る，探り方を学ぶ

　ここまでの学習で，なんとなく「価値観」が人それぞれであることは分かってきたものの，児童にとって「価値観」がどのようなものなのか，自分はどういう価値観をもっているのか，まだまだ曖昧な状況です。そこで「価値観」とはどういうものなのか，どうすれば探れるのかを探究していくために，まずはクラス全体で国語の教科書に掲載されている教材「伝記を読み，自分の生き方について考えよう―やなせたかし―」（光村図書　5年）を共通の題材として活用しました。具体的には，教科書を読み，「①やなせたかしさんはどんな価値観をもっているのか。②それに対して自分はどんな価値観をもっているのか。③どうして①の価値観だと思ったのか（価値観はどこから探れるのか）。」の3点をポスターにまとめる学習活動を設定しました。「一人で取り組みたい」という児童もいれば，「友達と話し合いながら取り組みたい」という児童もいたので，学習の形態は児童によって異なりますが，3時間設定した時間の中でどの児童もポスターにまとめることができました（図1）。

　それぞれのポスターが完成したところで，お互いのポスターを見合う活動を行いました。ある児童たちのポスターの中に「やなせたかしさんの正義に対する価値観は具体的だけど，自分

たちの価値観は抽象的」と，それぞれの価値観を比較して気づいたことが書かれていました。全体の場で「どうしてこういう差が出るのだろう？」と投げかけると，「やなせさんは戦争や弟を亡くす経験をしているけれど，自分たちにそういう経験はないから。」や「生きている時代が違うからじゃない？」といった意見が出されました。改めて「価値観はどういうもの？どこから探れる？」と問うと，「経験を通して考えて続けて出た結論」「作品や行動に表れるもの」などの意見が出て，「どんな経験をしたのか，そこからどんなことを考えたのかを探ったり，その人がどんな作品を作っているのかということやどんな行動をしているのかを探ったりすれば価値観が分かりそうだね。」とクラス全員で確認をしました。

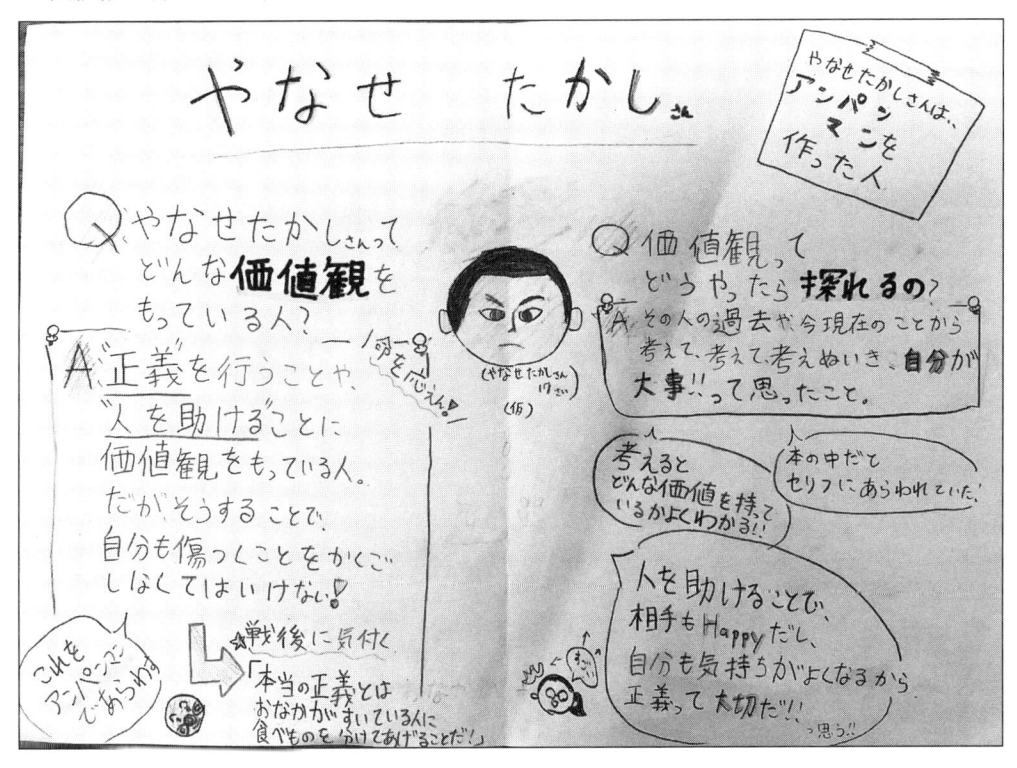

図1　児童が実際に作成したポスター

③共通の事例で学んだことを使って，個人探究（自分が決めた人物の価値観を探る）

　共通の事例で価値観の探り方を学んだので，今度は「自分が決めた人物の価値観を探ってみよう」という学習活動を設定しました。児童が決めた人物は歌手，画家，歴史上の人物，作家，身近な人など様々でしたが，「どうしてその人物にしたの？」と一人一人に聞くと「○○についての価値が分かると思ったから。」「こういう作品が多いから，どんな価値観なのか確かめたい。」など，どの児童も具体的なイメージをもって決めることができていました。例えば児童は作家の眞島めいりさんの価値観を探ることとし，「この作家さんは人の生き方をテーマに小説を書いていることが多い気がする。いくつかの作品を読み比べてどんな価値観をもっているのか探りたい。」と語っていました。

今回も前回の学習と同様の3点（①その人の価値観　②自分の価値観　③どこからそう思ったか）をポスターに書くというまとめ方を提示したので，伝記やその人にまつわる作品を読んだり，インターネットで情報を集めたりと方法は様々でしたが，どの児童もイメージをもって行うことができました（図2）。

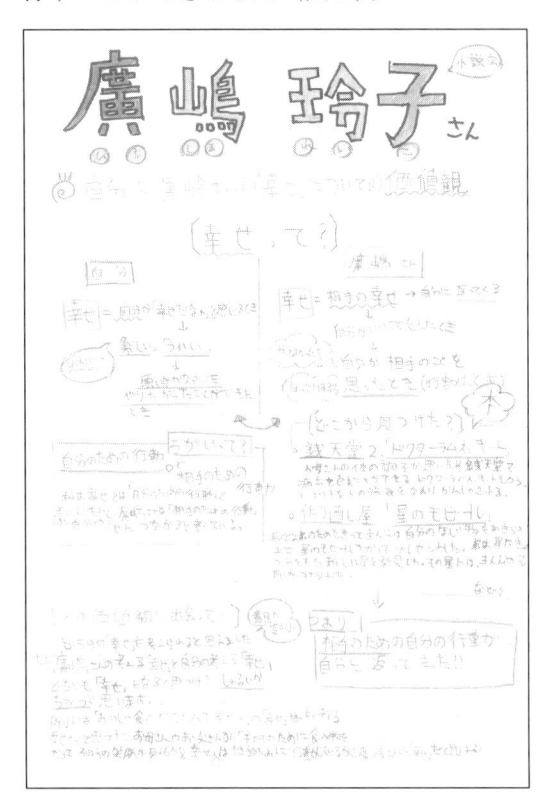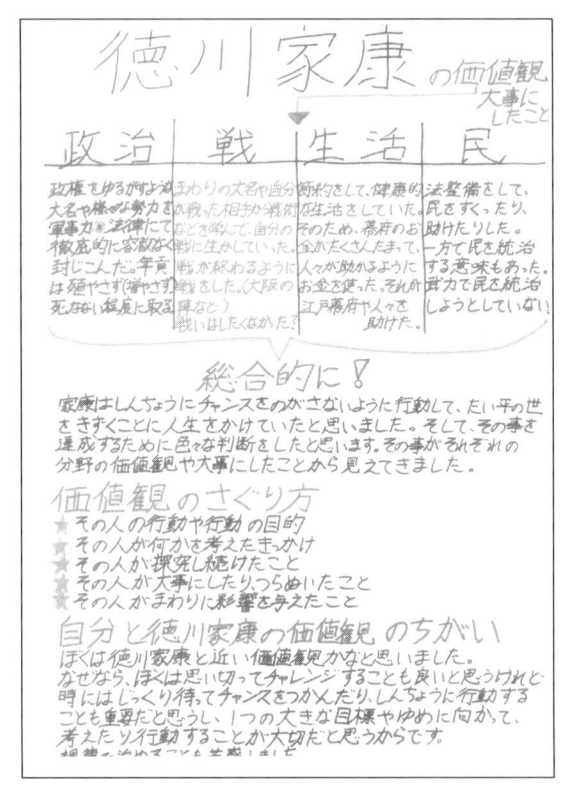

図2　児童が作成したポスター

④複数の事実・事例から概念形成へ

　ポスターを作成した後は，グループで共有タイムを設定しました。グループ共有を設定したのは，より多くの事実・事例に出合わせ，概念形成を行いたかったからです（図3）。

　概念形成とは，今回であれば「価値観ってどんなもの？」という問いに対して自分なりの答えを出すことです。答えは一つではなく，事実から自分で導き出すことが大切です。児童たちは「価値観は自分が経験したことから大切だと思ったこととか大事だと思ったことだと思った。（中略）経験したことは人によって違うから価値観も変わるっていうことだと思った。他の人もそうだった。」や「価値観とはその事柄で大切にしていること，思いなどだと思いました。（中略）価値観は似ている人もいるけど，一人一人違う価値観をもっていて，それは個性にもつながると自分なりに考えられました。」などと記述していました。書き方や量に差はあるものの，クラス全員が②や③の学びをふまえた上で，自分なりに考えたことを書くことができました。

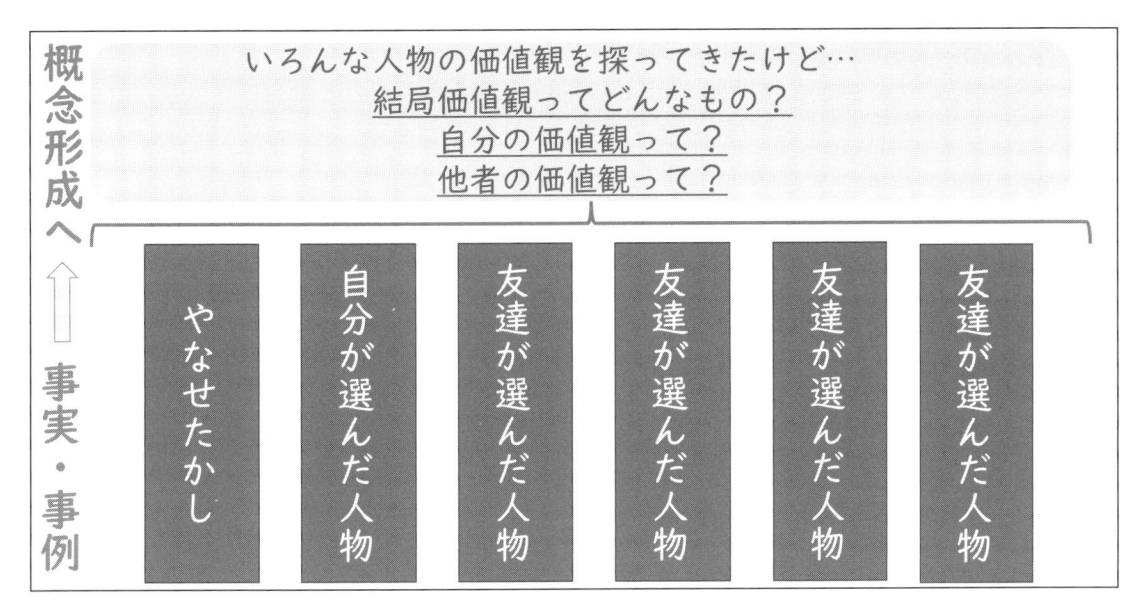

図3　事実・事例から概念形成へ

(2)探究の流れ２：異なる価値観との出合い

①オリエンテーション

　探究の流れ１のときと同様に「異なる価値観との出合い」という言葉からイメージマップや問いを書くことからスタートしました。児童からは「地域や国によって価値観は異なるの？」「異なる価値観に出合うとどうなるの？」「『異なる』ってどう異なるの？」といった問いが出てきました。

　このまま「『異なる価値観』について探究していきましょう。」と投げかけても学習のイメージはもちづらいと判断し，「動物園の動物は幸せか否か」というように，まずはクラスの中でも「異なる価値観」に出合えそうなテーマで話し合う活動を設定しました。この話題を設定したのは，探究の流れ１での「『ＩＢの学習者像』のBEST３を決める」というテーマとは違い，意見が二分し，それぞれの意見が二項対立になりやすいと考えたからです。実際に31人のクラスで「幸せ」と答えた児童が15人，「幸せではない」と答えた児童が16人と意見はくっきり半分に分かれ，話し合いはたいへん白熱しました。

　話し合いの後に気がついたことや感想を共有し合うと，「幸せや生き方に対する価値観が異なるのだ。」「相手の意見を聞いていると自分の考えが変わった。」「相手の意見を聞いていると反発する気持ちが大きくなった。」と様々なものが出てきました。その中で「今回は調べてから話し合ったわけじゃないから，詳しく調べてみないと分からないと思った。」という意見があり，自分が信じる価値観をもち続けるためには根拠が必要なのではないかとなりました。

② 「捕鯨問題」を題材に「異なる価値観」を探る

　①の学習したことを活かし，今度は「捕鯨問題」をテーマに異なる価値観を探り，話し合い活動を行うことにしました。この題材にしたのは，オリエンテーションの際に「地域や国によって価値観が異なるの？」という問いが児童から出され，「視点」の特定概念を使ってそれぞれの立場の価値観について探りやすそうだったこと，児童にとってよく知らない題材であることからはじめから意見が偏ることがなさそうだと考えたからです。

　教師が想定した通り，児童は捕鯨問題について既有の知識がなかったため，大まかな事実を教師から説明し，まず，はじめの自分の立場を考えました。児童からは「どちらかというと獲ってもよい」「どちらかというと獲らない方がよい」「獲ってよい」「獲らない方がよい」「時と場合による」「まだどちらとも言えない」など様々な立場が出されました。また「他の魚はよいのに，なぜ鯨だけだめなのか」「鯨の数はどのように変化しているのか」「生態系にはどんな影響があるのか」など様々な問いも出されました。

　そこで図書館司書の先生と連携し，捕鯨問題に関連する図書資料を集めてもらいました。教師がその中から，児童の問いに合いそうな資料を選択し，コピーしたものを学習支援サイトにアップし，クラスの共通の資料として提示しました。もちろん，図書資料に載っていない疑問や追加で調べたいこと，さらに確かめたいことなどはインターネットなどを活用し，追加で調べることもすすめました。

　資料を使って調べている最中は，資料を見て分かったことだけでなく，「その事実に対して自分がどう考えるのか」ということをメモしていくように促しました（図４）。

　資料を見ながら自分の考えや立場を決める活動を３時間ほど行った後には，４，５人のグループの友達と情報や考えを共有する時間を設定しました。同じ資料を使っていることが多いため，「どこからそう考えたの？」「同じ資料だけど，僕はこう考えたよ。」と興味をもって話し合いに参加し，自分の考えとの共通点や相違点を見つけることができた児童が多かったことが印象的でした。

　こうした活動を経て，最終的に自分はどう考えるのか，どんな価値観を大切にしたいのかをまとめていきました。「反対派の中には，鯨を神聖なものとして見ている人たちもいるが，自分にとっては鯨も他の魚も同じ命。獲るのはよいが，無駄にしないことが大切。」と考える児童や，「自分にとっては鯨を獲ることに違和感はないけれど，内陸の国の人にとっては鯨が身近でないため違和感があるのかもしれない。」などそれぞれの立場をふまえた上で自分の考えを形成していきました。さらに全体の場で話し合って他の友達の意見を聞き，様々なものの見方に触れました。

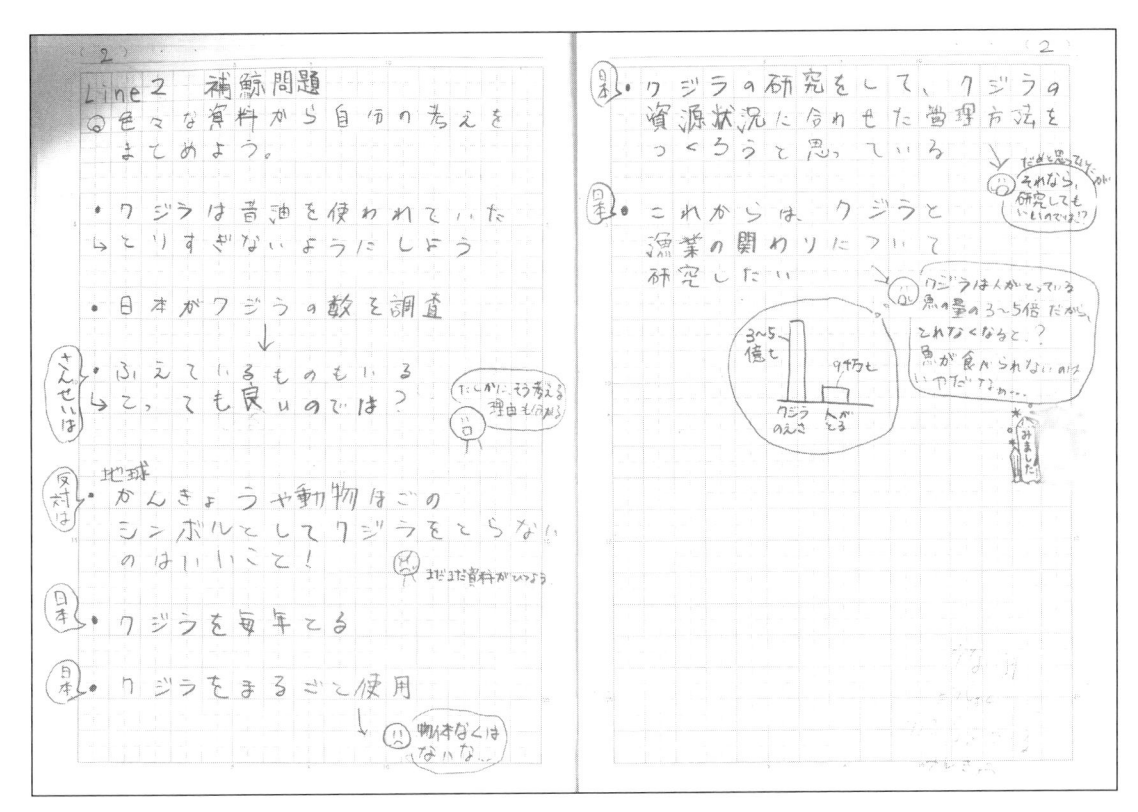

図4　資料を見て分かったことや自分の考えを書いていた児童のノート

③事実・事例から概念形成へ

　探究の流れ2で扱った「動物園の動物は幸せか否か」「捕鯨問題について」のテーマの他にも，道徳でも「異なる価値観」について探るような学習を行いました。例えば道徳教材「うばわれた自由」（学研みらい　5年『みんなの道徳』）では，教材に出てくる登場人物の「自由」についての価値観の違いを整理し，自分は「自由」についてどのようなことを大切にしているのか考えたり，友達と話し合ったりする学習です。

　探究の流れ1のときと同様に，こうした複数の事実・事例から概念形成を行いました。児童は「異なる価値観と出会ったときの対応によって未来が変わる。（中略）問題を解決できたり，新しい発見をしたり，貴重な経験ができる。」「価値観の違いでは，どちらが正しい！ということはなくて，そのときの目的に合った考え方をしていくといいと思う。（中略）受け入れていくことが大切だと思う。」「異なる価値観に出会ったとき，どの立場から見ているのかを考える。それに相手の考えを認める。（中略）これをしないと成長のチャンスをのがす。」といった記述をしていました。今回も全員が学習を通して気づいたことや大切だと思ったことをしっかりと考え，記述することができていました。

⑶探究の流れ３：自己の成長

①オリエンテーション

　探究の流れ３でも，まずはこれまでと同様に「自己の成長」についてイメージをもたせていきました。保健で「心の成長」を学習した後に行ったので，学習したことと関連づけながら考える児童が多くいました。そして，どうしたら価値観と自己の成長の関連について探れそうかを児童に問いかけました。これまでの探究の流れ１，２と違い，児童にとって比較的イメージのつきやすい探究対象だと思ったので，共通の学習活動の設定などは行っていません。児童からは「自分の経験を振り返ってみると探れそう。」「自分の成長を見てきた人にインタビューすると探れそう。」「過去の自分の考えや心が分かるもの（日記や作文など）を振り返ってみると探れそう。」などの意見が出たので，個人個人でどんな学習にしていくか計画を立てていきました。

　児童から「インタビュー」というキーワードも出たので，国語の教材「きいて，きいて，きいてみよう」（光村図書　５年）を使ってインタビューの仕方や質問内容についての指導を行いました。「この後の探究でインタビューするから。」とより必要感をもって学習に取り組むことができていました。

②個人探究

　インタビューや過去の自分，自分の作品を振り返る活動は主に家庭で取り組むことが多いため，夏休み中に行う課題としました。

③情報共有

　夏休み明けに，どんな個人探究を行ったのか，どんな事実や気づきが得られたのかを情報共有し，必要であれば追加で調べるよう促しました。

④事実・事例から概念形成へ

　自分が集めた複数の事実や友達の内容を聞き，「価値観と自己の成長」についての概念形成を行いました。自分のことだけでなく，友達の探究内容を聞くことで，より抽象的な一般化・概念形成ができるように意識させました。

【総括的評価課題】

　探究の流れ１，２，３の学習を経て「今現在，ＣＩ（セントラルアイデア）をどう捉えていますか？　過去の自分や現在の自分，未来の自分の価値観と成長を表すコラージュ作品を作り，解説文を添えて作品鑑賞会をしましょう。」という課題を提示しました。「文章を書く」という活動以外でも，自己表現する機会を設けたかったからです。文章を書くことが苦手な児童でも，絵の苦手な児童でも，写真を貼り合わせるコラージュならば抵抗感なく取り組めるのではないかという意図でした。

5　ユニットの振り返り

　今回のユニットで特に意識したのは「学び方を学ばせることで，個人で探究する力をつけること」と，「より実感の伴った理解へと深めること」でした。「何でもあり」の状態の探究では，何をどのように取り組めばよいのか分からず，多くの時間数をかけて学習していても，児童自身の探究する力は高まりません。今回のユニット，特に探究の流れ１，２では，はじめに事例を示してクラス全員で学び方を確認しました。何を考えればよいのか，どのように取り組むことが大切なのかなどポイントとなる部分をしっかりと全員で確認したことで，その後の児童の取り組み方や取り組む姿勢はこれまでと大きく変容しました。一部の児童だけでなく，全員が「今は何を探るのか」「何のために探っているのか」ということに対して自覚的になったのです。そしてとても意欲的に取り組むことができました。

　また，概念形成の部分では「いくつかの事実・事例から概念形成へ」ということを書きましたが，教師が意図する学習内容の中で概念形成を促す場合，どんな事実・事例を集めたかが鍵になります。今回，個人で探究する力を高め，より焦点化して様々な事実・事例について探れたことが，その後の概念形成，つまり実感の伴った理解へとつながったのだと感じています。

　一方で課題は事実・事例の扱い方です。特に探究の流れ２では捕鯨問題を中心にディベートを行いましたが，他のテーマも扱い，より多くの事実・事例に触れさせることも必要だったように思います。より児童が主体的に探究する素材を選んだり，取り組んだりするためにも，時間配分なども含めて再度考えていく必要性があります。

　ユニットにはもちろん区切りがあります。このユニットが終われば次のユニットへと移ります。しかし，探究そのものに終わりはありません。「価値観」に特化して授業では扱わなくなるかもしれませんが，まだまだ考えられることや探れることは広がっています。はじめの方に「行動の変容」と書きましたが，すぐに行動が変容するわけではないかもしれません。でも今回探究したり，考えたり，はっとしたことで「ものの見方」や「自分自身の捉え方」が少し広がり，行動も少しずつ変化していくように今後も一緒に探究していきたいと思っています。

エキシビション

エキシビションとは"学びの集大成"である

　多くの学校では，ＰＹＰの最終学年にエキシビションを行います。なぜなら，エキシビション自体がこれまでの学びで培った力を実証する学びの集大成であるからです。今までの経験や身につけたスキルを活かし，ユニット自体を自分たちで作っていくところが大きな特徴です。エキシビションの目的は2つあります。

　1つ目は「学びのサイクルを回せることを実証すること」です。

　学びのサイクルとは，身の回りの発見や疑問から生まれた問いに対し，リサーチや探究したことをもとに仮説を立て問題解決のためのアクションを起こし，振り返りを通して仮説を検証するという一連のサイクルのことです。これは，1回限りのものではなく，振り返り後に生まれた新たな発見や疑問が，次のサイクルへと続いていくものです。児童は今までの学びで身につけた力をもとに，自分たちでこの学びのサイクルを回していくことを実証します。

　2つ目は「自分の成長を感謝するとともに周りの人に伝え，祝うこと」です。

　エキシビションの発表会にゲストをお招きするのは，自分たちの成長に関わってくださった方々に，成長の証をお見せし，感謝を示す場として発表会があるからです。

　発表会の企画，演出，運営，すべてを児童が行います。どのようにお祝いの場を作るか，どのように感謝を伝えるか，どのようにプレゼンテーションするか，すべて児童がエージェンシーを発揮して行います。エキシビションは，自分の興味のある事柄を探究します。興味があるから楽しいはずなのに，計画がうまく進まなかったり，友達と意見がぶつかって葛藤したり，途中で考えが変わったり，なかなか一筋縄ではいかないのがエキシビションでもあります。発表会までの道のりは，決して平坦ではないけれど，山を越え，谷を越え，エキシビションを通して，児童はさらに大きな成長を見せてくれます。

写真1　エキシビションの様子

写真2　発表作品

おわりに

　ＰＹＰの探究の単元（ＵＯＩ）を学んだアオイ先生は，早速，学年主任の先生のところに相談に行きました。次年度の研究テーマに探究学習を提案するのでしょう。

　さて，読者のみなさまは，いかがでしたか？　実際にチャレンジできそうな探究的な学びのヒントを見つけることができたでしょうか。

　探究の学びはＩＢ認定校だけのものではありません。一条校でも，取り入れることができます。普段の授業でセントラルアイデアを設定してみるとか，学習活動の中に特定概念を埋め込んでみるとか，少しずつ取り入れていかれるとよいでしょう。探究的な学びを続けていくと，子どもたちも学びの意義を実感し，イキイキとしてきます。教師の私たちは，変化していく子どもたちの姿を見て，「探究」と「概念」で学びが育まれることの効果を納得していくことでしょう。そして，子どもたちと一緒に教師も「探究する人」となり，次の授業をワクワクしながら構想するようになるはずです。

　本書を作るにあたって，多くの方にご協力ご支援をいただきました。英数学館小学校の永留聡校長先生，ＡＩＣ国際学院京都初等部のジョージ・クマザワ校長先生，トッド・アラオ先生，田口直也先生におかれましては，学校訪問の機会にいろいろＰＹＰに関するお話を伺わせていただき，感謝しております。また，「第8章　学習コミュニティ　」では，写真使用のご許可をくださいましたこと，厚く御礼申し上げます。

　最後に，本書の企画をお声掛けくださり，入稿に至るまでの紆余曲折の過程を温かく見守り，応援してくださった木山麻衣子編集部長には深く感謝申し上げます。

　本書をきっかけに，読者のみなさまが，学ぶことの楽しさを実感できる探究の単元（ＵＯＩ）を開発されていくことを祈念しております。

2024年9月

編著者　中村　　純子

秋吉　梨恵子

付録　ＰＹＰ資料コーナー

　国際バカロレア機構は日本の先生方に「Resources for schools in Japan」といういうサイトで資料を公開しています。右の QR コードを読み取ってください。

＊本書は国際バカロレア機構による認定を受けたものではありません。

● QR コード内の資料

　ＰＹＰを理解するために参照していただきたいのが次の資料です。

・ＩＢＯ（2019）『国際バカロレア（ＩＢ）の教育とは』
　　国際バカロレアのプログラムの全体像の解説です。

・ＩＢＯ（2022）『ＩＢの学習者像』
　　p.6にも掲載した「ＩＢの学習者像」が示されています。これはＩＢの背骨となる理念です。

・「ＰＹＰ：原則から実践へ」を開いてください。こちらに次の３つの資料がまとめてあります。
　　①『学習者』（2020）
　　　　ＰＹＰが育成を目指す学習者の姿が解説されています。エージェンシー，ＩＢの学習者像，行動，エキシビションについて，深く学んでみてください。
　　②『学習と指導』（2020）
　　　　ＰＹＰにおける学習活動の計画や実践について，留意すべきことが書かれています。ＡＴＬ，探究，概念，評価について，詳しく分かります。
　　③『学習コミュニティー』（2020）
　　　　ＰＹＰ校でのコミュニティーのあり方が説明されています。本書第８章と合わせてお読みください。

　こちらのサイト（2024年７月時点）では，2020年に発行された資料が掲載されています。本書は『学習と指導』に関しては2024年４月に出された版を参照しています。解説が異なる部分が少しあります。

●参考文献資料

・ボイヤー（1997）『ベーシックスクール：アメリカの最新小学校改革提案』中島章夫訳　玉川大学出版部

・ジマーマン（2014）『自己調整学習ハンドブック』塚野州一・伊藤崇達監訳　北大路書房

・エリクソン他（2020）『思考する教室をつくる概念型カリキュラムの理論と実践―不確実な時代を生き抜く力―』遠藤みゆき他訳　北大路書房

・Albright（2016）『Transdisciplinarity in Curricular Theory and Practice』
　　In D. Wyse, L. Hayward, and J. Pandya(Eds.), The Sage Handbook of Curriculum, Pedagogy, and Assessment, (pp. 525-543). London: Sage Publishers Ltd.

【編著者紹介】

中村　純子（なかむら　すみこ）
東京学芸大学大学院国語教育サブプログラム准教授。博士（教育学）。主な著書に『メディアリテラシー　吟味思考（クリティカルシンキング）を育む』（共著　時事通信社　2021），『「探究」と「概念」で学びが深まる！中学校・高等学校国語科　国際バカロレアの授業プラン』（共編著　明治図書　2021），『国際バカロレア教育と教員養成：未来をつくる教師教育』（共著　学文社　2020），『「探究」と「概念」で学びが変わる！中学校国語科　国際バカロレアの授業づくり』（共編著　明治図書2019）がある。全国大学国語教育学会　日本国際バカロレア学会，所属。

秋吉　梨恵子（あきよし　りえこ）
ＩＢワークショップリーダー　ＩＢコンサルタント，ＩＢ学校訪問員，リン・エリクソンとロイス・ラニングの「概念型のカリキュラムと指導」公認トレーナー，GIFT School カリキュラムコーディネーター。

【執筆者紹介】（執筆順，所属は執筆当時）

秋吉梨恵子　ＩＢワークショップリーダー　ＩＢコンサルタント
　　　　　　＊第1章　第3章　第4章

齋藤　真実　元聖ヨゼフ学園小学校　ＰＹＰコーディネーター
　　　　　　＊第2章　コラム④⑦⑧

細井　宏一　東京学芸大学附属大泉小学校副校長
　　　　　　＊第4章

神保　勇児　東京学芸大学附属大泉小学校教諭
　　　　　　＊第5章

中村　純子　東京学芸大学大学院准教授
　　　　　　＊第6章　コラム①⑤

今村　　行　東京学芸大学附属大泉小学校教諭
　　　　　　＊第7章　コラム②③⑥

山田　浩美　NIST International School 教諭
　　　　　　＊第8章

原田　　卓　静岡サレジオ小学校教諭
　　　　　　＊第9章　実践①

上田　真也　東京学芸大学附属大泉小学校教諭
　　　　　　＊第9章　実践②

阿木　智華　東京学芸大学附属大泉小学校教諭
　　　　　　＊第9章　実践③

「探究」と「概念」で学びを育む！
小学校　国際バカロレアの授業づくり

2024年10月初版第1刷刊　Ⓒ編著者　**中村純子・秋吉梨恵子**
　　　　　　　　発行者　**藤　原　光　政**
　　　　　　　　発行所　**明治図書出版株式会社**
　　　　　　　　http://www.meijitosho.co.jp
　　　　　　　（企画）木山麻衣子（校正）有海有理
　　　　　　　〒114-0023　東京都北区滝野川7-46-1
　　　　　　　振替00160-5-151318　電話03(5907)6702
　　　　　　　ご注文窓口　電話03(5907)6668
＊検印省略　　　　　組版所　藤　原　印　刷　株　式　会　社

Printed in Japan　　　　　ISBN978-4-18-230528-3
もれなくクーポンがもらえる！読者アンケートはこちらから
→